입문에서 **컴피티션**까지|

파이썬으로 캐글
시작하는

Python de Hajimeru Kaggle Start Book

입문에서 컴피티션까지
파이썬으로 시작하는 캐글

1쇄 발행 2021년 4월 19일

지은이 이시하라 쇼타로, 무라타 히데키
옮긴이 윤인성
펴낸이 장성두
펴낸곳 주식회사 제이펍

출판신고 2009년 11월 10일 제406-2009-000087호
주소 경기도 파주시 회동길 159 3층 3-B호 / **전화** 070-8201-9010 / **팩스** 02-6280-0405
홈페이지 www.jpub.kr / **원고투고** submit@jpub.kr / **독자문의** help@jpub.kr / **교재문의** textbook@jpub.kr

편집부 김정준, 이민숙, 최병찬, 이주원 / **소통기획부** 송찬수, 강민철 / **소통지원부** 민지환, 김유미, 김수연
진행 및 교정·교열 이주원 / **내지디자인 및 편집** 최병찬 / **표지디자인** 미디어픽스
용지 에스에이치페이퍼 / **인쇄** 한승인쇄사 / **제본** 장항피앤피

ISBN 979-11-90665-84-1 (93000)
값 18,000원

제이펍은 독자 여러분의 아이디어와 원고 투고를 기다리고 있습니다. 책으로 펴내고자 하는 아이디어나 원고가 있는
분께서는 책의 간단한 개요와 차례, 구성과 저(역)자 약력 등을 메일(submit@jpub.kr)로 보내 주세요.

입문에서 컴피티션까지|

파이썬으로 시작하는 캐글

시작하는

이시하라 쇼타로, 무라타 히데키 지음/ 윤인성 옮김

Jpub
제이펍

차례

옮긴이 머리말

역자는 취미로 그림을 그리고 있습니다. 20대 중반에 '그림을 그려보고 싶다'라는 생각이 갑자기 들어서, 그림을 공부했습니다. 한 번도 무엇을 그려본 적이 없어서, 처음 몇 달은 직선과 원을 그리는 것조차 힘들었습니다. 그래도 어느 정도 지나니 직선과 원을 그릴 수 있게 되었고, 기본적인 공간 이론과 해부학 등의 내용을 배우니 공간 안에 사람도 어느 정도 그릴 수 있게 되었습니다. 그런데 다른 사람들의 그림을 분석적으로 모작하는 것은 가능했지만, 스스로 무언가를 그려보려고 하니 대체 무엇을 그려야 할지 아무런 생각도 나지 않았습니다.

'이것은 내가 아직 이론적으로 덜 배운 탓이다'라는 생각으로 더 다양한 이론을 계속 공부했습니다. 모작은 점점 더 잘할 수 있었는데, 그렇게 해도 내가 무언가를 스스로 할 수는 없었습니다. 그런데도 '계속 무언가를 공부하면, 언젠가는 분명 해낼 것이다'라는 믿음으로 계속 책을 보거나 강의를 보았습니다.

그러던 어느 날 4살짜리 조카가 집에 놀러 왔습니다. 스케치북과 연필을 보자 연필을 들고 무언가를 그리기 시작했습니다. 그리고 '스케치북을 꽉 채우는 삐뚤어진 거대한 원 하나'와 '엄지손톱만한 삐뚤어진 원 하나'를 그렸습니다.

자신이 그린 것이 무엇인지 맞혀보라는 것 같은데, 도무지 짐작이 안 되더군요. 조카는 그냥 웃으면서 "고래! 달팽이!"라고 이야기했습니다. 그 순간 제가 무엇이 문제였는지 이해할 수 있었습니다.

'지식을 많이 아는 것'과 '스스로 하고 싶은 것을 해내는 것'은 완전히 다른 영역이라는 것을 말이죠.

프로그래밍 책을 10년 정도 집필하다 보니, 많은 사람들이 다양한 이유로 프로그래밍 공부를 하는 모습을 많이 보았습니다. 그들은 '내가 스스로 프로그램을 못 만드는 이유'를 '내가 어떤 지식을 몰라서'로 생각해서인지 비슷한 과정을 많이 거칩니다.

'머신러닝으로 책에 예제로 나오는 붓꽃 분류, 버섯 분류 등은 할 수 있는데, 스스로 그 이상은 아무것도 못 하는 이유'를 '그걸 만들 수 있는 지식이 아직 없어서'로 여기고 계속해서 머신러닝, 딥러닝, 인공지능 수학, 최신 인공지능 모델 등을 전부 공부하려는 분들이 많습니다.

하지만 프로그래밍 영역도 '지식을 많이 아는 것'과 '스스로 하고 싶은 것을 해내는 것'은 완전히 다른 영역입니다(사실 저 또한 이걸 알면서도 새로운 것을 공부할 때 같은 실수를 계속 반복합니다).

이 책은 어떤 프레임워크, 라이브러리의 사용 방법을 알려주는 책이 아니라, '머신러닝으로 하고 싶은 것을 스스로 해내는 방법'을 알려주는 책입니다. 그래서 사실 책을 보고 나서 '뭔가 지식이 많이 늘어났다'라는 느낌을 받기는 힘들 수도 있습니다.

하지만 머신러닝을 배우고 나서, 대체 무엇을 해야 하는지 몰라서 방황하며 지식만을 계속해서 늘려 나가는 분들이라면, 이 책을 통해 캐글을 접하고 머신러닝으로 '스스로 하고 싶은 것을 해내는 방법'을 조금이나마 찾으실 수 있을 것입니다.

옮긴이 **윤인성**

이 책에 대하여

이 책의 특징

이 책은 '파이썬(Python)'이라는 프로그래밍 언어를 사용해서 '캐글(Kaggle)'이라는 머신러닝 Competition(대회)에 참여할 수 있도록 해주는 입문서입니다. 'Titanic: Machine Learning from Disaster'라는 초보자 튜토리얼을 주제로 캐글의 기초를 다룹니다.

단순하게 Titanic(타이타닉) 문제를 푸는 방법만 알려주는 것이 아니라, 스스로의 힘으로 다른 Competition에 참여할 때 필요한 지식을 함께 설명합니다.

이 책의 특징은 다음과 같이 여섯 가지로 정리해 볼 수 있습니다.

1. 캐글 입문에 특화된 튜토리얼 형식으로 작성되어 있습니다.
2. 주제가 장과 절 단위로 확실하게 구분되어 여러 지식을 단계적으로 습득할 수 있습니다.
3. 이후에 다른 Competition에 참가할 수 있도록 테이블 데이터, 이미지 데이터, 텍스트 데이터를 다루는 방법도 설명합니다.
4. 저자 모두 캐글 Master이며, 메달 수상 경험이 있습니다.
5. 중간중간 저자들의 대화 내용 일부를 수록하여 캐글과 관련된 생생한 경험을 들을 수 있습니다.
6. 프로그래밍과 파이썬 초보자를 위해서 샘플 코드와 관련된 자세한 설명을 담았습니다.

저자들은 이미 캐글 입문 콘텐츠를 여럿 작성한 경험이 있습니다.

이시하라 쇼타로는 2019년 3월에 'Qiita(키타)'라는 개발자 정보 공유 사이트에서 캐글 입문 글을 작성해서 1,600개 이상의 '좋아요'를 받았습니다. 참고로, Qiita에서 Kaggle 태그가 붙은 글 중에서 '좋아요'가 가장 많은 글입니다.

무라타 히데키는 2018년 4월에 《캐글 튜토리얼》이라는 책을 출판했습니다. 콘텐츠 공유 사이트 'note'에서 동인지로 발간한 것으로, 약 2,500부가 판매되었습니다.

이 책은 이러한 두 콘텐츠를 기반으로 여러 내용을 추가해 '초보자를 위한 캐글 입문 서적'을 목표로 집필되었습니다.

이시하라 쇼타로는 현업에서 데이터 사이언티스트로, 무라타 히데키는 전문 캐글러(Kaggler)로서 날마다 머신러닝을 활용하고 있습니다. 이렇듯 여러 경험을 기반으로 하여 캐글을 즐거우면서도 실용적으로 공부할 수 있는 구성으로 만들었습니다.

이 책은 2019년 11월에 집필되었으며, 캐글 웹 사이트의 구성은 2021년 3월 기준입니다.

이 책의 대상 독자

이 책은 다음과 같은 분들을 대상으로 합니다.

1. 캐글에 흥미가 있지만 어디부터 시작해야 할지 잘 모르겠다는 분
2. 파이썬, 머신러닝을 간단하게 살펴본 상태에서 캐글에 도전하고 싶은 분
3. 머신러닝을 직접 실습하면서 깊게 공부하고 싶은 분
4. 파이썬과 머신러닝에 대해서 어느 정도 알지만 캐글은 처음이신 분

특히, 1번과 2번이 주요 대상 독자입니다.

이 책은 장과 절 단위로 나누어져, 단계적으로 캐글과 관련된 내용을 배웁니다. Titanic이라는 문제를 기준으로 조금씩 단계를 밟아가며 깊은 내용을 알아봅니다.

초보자라면 '머신러닝을 모르겠다', '파이썬을 모르겠다', '캐글 진행 방법이 이해가 되지 않는다', '웹 사이트가 영어라서 잘 모르겠다' 등의 문제에 직면할 수 있습니다. 이 책에서는 이러한 내용을 독자가 개인적으로라도 검색하며 찾아볼 수 있도록 최대한 많은 주석을 넣었습니다.

이 책을 읽을 때 머신러닝과 관련된 자세한 내용을 몰라도 괜찮습니다(물론 알면 좋습니다). 3번에 해당하는 분은 캐글 사이트에서 스스로 공부하면서 머신러닝을 배울 수 있을 것입니다.

4번에 해당하는 분은 이 책을 읽으면서 캐글의 흐름을 효율적으로 알 수 있을 것입니다.

독자 여러분의 지식과 경험에 맞게 적극 활용해 주세요.

이 책의 구성

이 책은 크게 1~4장의 본문과 부록으로 나뉘어져 있습니다.

1장에서는 캐글의 개요에 대해서 설명합니다. 일단 '캐글이란 무엇인가?'를 시작으로, 캐

글과 관련된 머신러닝 개요에 대해 설명합니다. 또한 캐글에 가입하고 로그인하는 방법, Notebook(노트북)을 사용하는 방법 등도 소개합니다.

2장에서는 Titanic을 함께 풀어 봅니다. 8개의 절로 구분하여 조금씩 점수를 높이면서 캐글의 핵심적인 진행 방법을 살펴봅니다.

3장에서는 Titanic에서 더 나아가려면 어떻게 해야 하는지 살펴봅니다. 그리고 Titanic에서 미처 살펴보지 못했던 캐글의 요소를 소개합니다. 나중에 스스로 다른 Competition에 참가해 보는 데 도움이 될 부분입니다. 3개의 절로 구분하여 테이블 데이터, 이미지 데이터, 텍스트 데이터를 다루는 방법을 간단하게 소개합니다.

4장에서는 마무리로서 책을 다 읽은 후에 필요한 정보를 소개합니다. 초보자가 할 만한 Competition을 선택하는 방법, 분석 환경과 관련된 정보 등을 소개합니다.

부록에서는 이 책에서 사용한 소스 코드를 자세하게 설명합니다. 파이썬을 제대로 다루지 못하는 분들을 대상으로 변수, 리스트 등의 기초적인 내용도 함께 다룹니다.

샘플 코드

샘플 코드는 모두 다음 깃헙(GitHub) 링크에서 확인할 수 있습니다. 깃헙은 엔지니어들이 소스 코드 등을 공유하는 사이트입니다.

https://github.com/Jpub/PythonKaggle

해당 코드는 모두 파이썬 3.8 버전을 기준으로 동작하는 것을 확인했습니다.

파이썬 실행 환경으로는 '도커(Docker)'를 사용했습니다. 도커를 사용하면 캐글이 제공하는 분석 환경과 같은 가상 환경을 자신의 컴퓨터에도 구축할 수 있습니다. 이와 관련된 내용은 1.5절을 참고해 주세요.

캐글이 제공하는 분석 환경은 빠른 속도로 업데이트됩니다. 현재 저자가 집필하는 시점을 기준으로 모듈 등의 버전을 정리해 보면 다음과 같습니다.

- lightgbm==2.3.0
- matplotlib==3.0.3
- numpy==1.16.4

- pandas==0.25.2
- scikit-learn==0.21.3

저자 소개

이시하라 쇼타로(u++)

- 캐글 Master(https://kaggle.com/sishihara)
- 2019년 3월에 공개한 Qiita의 캐글 입문 글에 1,600개 이상의 '좋아요' 달성
- 2019년 4월에 'PetFinder.my Adoption Prediction' Competition[1]에서 우승
- 2019년 12월에 'Kaggle Days Tokyo'에서 Competition 개최
- 현재 일본경제신문사에서 데이터 분석가로 근무 중

무라타 히데키(카레)

- 캐글 Master(https://kaggle.com/currypurin)
- 2019년 6월에 'LANL Earthquake Prediction' Competition[2]에서 3위 수상
- 2018년 8월에 'Santander Value Prediction Challenge' Competition[3]에서 솔로 금메달 획득(8위)
- 캐글 입문자를 위한 동인지 《캐글 튜토리얼》이 2,500부 이상 판매됨
- 현재 전업 캐글러로 활동 중

---

1 PetFinder.my Adoption Prediction
   https://www.kaggle.com/c/petfinder-adoption-prediction (Accessed: 30 November 2019)
2 LANL Earthquake Prediction
   https://www.kaggle.com/c/LANL-Earthquake-Prediction (Accessed: 30 November 2019)
3 Santander Value Prediction Challenge
   https://www.kaggle.com/c/santander-value-prediction-challenge (Accessed: 30 November 2019)

베타리더 후기

 김용현(Microsoft MVP)

특정 분야의 기술을 잘하기 위해서는 해당 기술을 많이 사용해 보는 방법이 가장 좋을 것입니다. 머신러닝을 많이 접하기 위해서는 양질의 데이터가 있는 캐글을 접해볼 수밖에 없습니다. 이 책은 초심자를 대상으로 캐글 플랫폼을 이용하여 머신러닝을 재밌게 배울 수 있는 방법을 안내합니다. 캐글에 가입하고 submit 실습을 해보거나, Titanic 데이터를 이리저리 살펴보며 머신러닝에 대한 첫 단추를 끼울 수 있는 좋은 가이드가 되어 줄 것입니다.

 김태근(연세대학교 대학원 물리학과)

캐글은 일반인도 데이터 과학을 쉽게 접하고 아이디어를 실험해 볼 수 있는 기회의 장입니다. 다만, 막상 캐글을 시작하려니 어디서부터 시작해야 할지 몰라 도중에 그만두는 사람들도 많습니다. 이 책은 이런 분들을 위한 친절한 가이드북입니다. 다양한 이미지와 예제 코드로 하나하나 따라가면서 캐글 참가 과정을 쉽게 익힐 수 있으며, 단원 말미에 저자들의 대화를 삽입하여 좋은 정보를 부담 없이 습득할 수 있었습니다. 그동안 경험한 베타리딩 도서 중 번역 퀄리티가 가장 좋았습니다.

 사지원(현대엠엔소프트)

처음 만나는 캐글 관련 도서입니다. 최근 데이터 사이언스와 관련된 직군에 대해 얘기할 때 캐글의 중요성을 강조하는 글을 많이 접합니다. 하지만 캐글에 대해 설명하거나, 따라 할 가이드를 쉽게 찾기는 힘들었습니다. 이 책도 이러한 점에 착안하여 캐글을 어떻게 시작하는지 설명하고 있습니다. 캐글의 중요성은 꾸준히 강조되어 오고 있는 만큼, 좋은 책을 접할 수 있어서 기뻤습니다. 책도 쉽게 쓰여 있어 순식간에 읽을 수 있었습니다. 캐글을 처음 시작하려는 분을 위한 가이드로 추천하고 싶습니다.

 이동욱(한국 오라클)

머신러닝 공부를 목적으로 한다면 이 책의 난이도가 너무 쉽다는 생각이 들 수도 있습니다. 하지만 이미 머신러닝의 기초에 대해 공부한 사람이 이 책을 천천히 끝까지 읽으며 실습한다면 캐글 Grandmaster에 한번 도전해 보고 싶다는 생각이 들지도 모르겠습니다. 마지막 부록 부분까지 활용해서 전체 코드를 리뷰하고, 코드에 대해 자세히 설명하는 부분에서 저자의 친절함을 다시 한번 느꼈습니다. 머신러닝 초보자에게 추천합니다.

 이지현

'파이썬으로 시작하는 캐글'이라는 제목이 너무나 잘 어울리는 책입니다. 캐글에 관심은 많았지만 시작은 못 하셨던 분들께 큰 도움이 될 수 있는 책입니다. 전반적으로 번역이 깔끔하여 읽기 좋았습니다.

 정욱재(당근마켓)

분량은 적지만 내용 자체도 좋고 설명이 잘 되어 있는 책이라서 캐글을 시작하려는 분께는 안성맞춤입니다. 또한 실제로 캐글에 도전해 보면서 유용할 팁도 많이 알려주기 때문에 Titanic 이후에 어떤 캐글 Competition을 풀지 고민되는 분이라면 반드시 이 책을 읽어 보셨으면 좋겠습니다. 이렇게 깔끔하게 베타리딩을 한 책이 많이 없는데(제가 짚어낼 수 있는 오탈자/오류가 없어서), 분량에 비해 충분히 많은 내용을 담고 있어서 더 좋은 책 같습니다.

 정현준

AI와 딥러닝이 세상을 다 바꿀 거란 분위기가 지배적이지만, 사실 그 바탕에는 머신러닝이 있습니다. 이 책에서는 다른 사람들과 경쟁하거나 협력하면서 머신러닝을 배울 수 있게 돕는 캐글이란 사이트를 소개합니다. 대회에 참여해 배우고 실력이 늘면 상금도 받고 이름도 알릴 수 있으니 머신러닝을 배우고 싶어하는 사람들에겐 최적의 공간입니다. 최근에 각광받게 된 캐글이 여러 사람들에게 많은 관심을 받을 거란 예감이 들고, 제 개인적으로도 다시 도전해 볼까 생각하고 있습니다. 이 책을 통해 캐글에 대해 접하고 직접 대회에 참여하며 도전해 보시기 바랍니다.

조원양(스마트사운드)

캐글을 처음 접하는 사람도 캐글 플랫폼이 무엇인지, 어떻게 하면 쉽게 시작을 할 수 있는지 알려주는 가이드북입니다. 특히, 특징량 엔지니어링(Feature Engineering)을 간략하게 소개한 3장은 머신러닝을 막 시작한 입문자에게 많은 도움이 될 것 같습니다. 깔끔한 번역이 빛나는 좋은 책이었습니다.

제 1 장

캐글 개요

이번 장에서는 캐글을 간단하게 알아봅니다. 일단 캐글의 구조를 살펴보고, 필요한 머신러닝 문제 설정에 대해서도 설명합니다. 캐글에 등록하고 로그인하는 방법, 환경 구축을 따로 하지 않고도 사용할 수 있는 분석 환경의 사용 방법에 대해서도 소개합니다.

1.1

캐글이란?

캐글(Kaggle)은 데이터 사이언티스트와 머신러닝 엔지니어를 위한 온라인 커뮤니티입니다. 캐글에는 날마다 여러 Competition(컴피티션)[4]이 올라오며, 세계의 여러 참가자들이 이를 기반으로 머신러닝 모델의 성능을 경쟁합니다. 프로그래밍 언어로 '파이썬(Python)', 'R'[5]을 실행할 수 있는 'Notebook(노트북)'이라는 환경도 제공됩니다. 소스 코드 공개와 토론도 활발해서, 초보자 단계부터 상급자 단계까지의 모든 사람들이 머신러닝을 공부할 수 있는 플랫폼이라 할 수 있습니다.

캐글의 Competition에 대한 개요를 간단하게 정리하면 그림 1.1과 같으며, 다음과 같은 흐름으로 이루어집니다.

1. 기업 등이 데이터와 상금을 제공해서, 캐글에 Competition 개최를 의뢰합니다. 캐글은 이를 기반으로 Competition을 개최합니다.
2. 참가자는 데이터를 분석하고, 예측 결과를 submit(제출)합니다. 예측 결과는 자동으로 채점되어 점수를 냅니다.
3. Competition 기간 중(일반적인 기간은 2~3개월입니다), 참가자는 예측 결과를 여러 번 submit해서 점수를 확인할 수 있습니다.
4. Competition 완료 후 점수를 기반으로 순위를 매기고, 상금과 메달을 부여합니다.
5. 메달을 일정 수 이상 획득하면 상위 칭호를 획득할 수 있습니다.

4 　옮긴이　한국어로 '대회', '공모' 등을 의미합니다. 일반적으로 '캐글 컴피티션'이라고 이야기하는 편이라서, 이 책에서도 Competition을 영어로 그대로 사용하겠습니다.

5 　R: The R Project for Statistical Computing
https://www.r-project.org/ (Accessed: 15 February 2021)

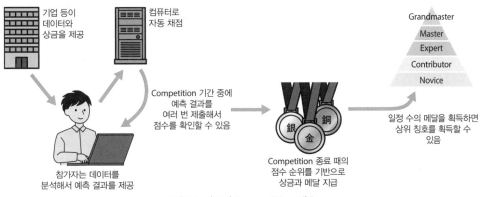

그림 1.1 캐글의 Competition 개요

Competition 참가자는 데이터를 스스로 준비할 필요가 없으며, 상위권으로 입상하면 상금을 받을 수 있습니다(하위권이라고 손해를 보는 일은 따로 없습니다). submit을 했을 때 곧바로 채점되고, 순위를 확인할 수 있어서 컴퓨터 게임처럼 순위를 높이려는 동기 부여가 되므로 머신러닝을 재미있게 배울 수 있습니다.

계정을 만들 때는 'Novice(초보자)'라는 호칭이 부여되지만, 여러 Competition에서 메달을 일정 수량 이상 획득하면 Expert, Master, Grandmaster 등으로 호칭이 올라갑니다. 이러한 호칭도 공부하는 데 좋은 동기가 됩니다.

NOTE 메달과 호칭 조건

캐글에서 메달을 받을 수 있는 Competition에서 상위권에 들면 메달을 받을 수 있습니다. 메달을 획득할 수 있는 순위는 Competition 참가 팀 수에 따라서 달라집니다. 정리해 보면 표 1.1과 같습니다.[6]

표 1.1 **참가 팀의 수와 메달 부여 순위의 관계**

	0~99팀	100~249팀	250~999팀	1000팀~
동메달 🥉	상위 40%	상위 40%	상위 100팀	상위 10%
은메달 🥈	상위 20%	상위 20%	상위 450팀	상위 5%
금메달 🥇	상위 10%	상위 10팀	상위 10팀 +0.2%	상위 10팀 +0.2%

---

6   Kaggle Progression System
    https://www.kaggle.com/progression (Accessed: 15 February 2021)

예를 들어 금메달 조건에 있는 '상위 10팀 + 0.2%'를 살펴봅시다. 0.2%이므로 500팀이 참가할 때마다 메달의 수가 하나씩 증가합니다. 1000팀이 참가하는 Competition이라면 상위 12팀, 2000팀이 참가하는 Competition이라면 상위 14팀이 금메달을 받을 수 있습니다.

일정 수의 메달을 획득하면 표 1.2와 같이 호칭을 받게 됩니다.

표 1.2 **호칭 획득 조건**

호칭	호칭 획득 조건
Grandmaster	금메달 5개, 금메달 중에 하나는 개인 참가 때 획득
Master	금메달 1개, 은메달 2개
Expert	동메달 2개
Contributor	프로필 완성 등(자세한 내용은 이어지는 내용 참고)
Novice	캐글 가입 완료

Contributor(컨트리뷰터)의 조건은 다음과 같습니다.

- 프로필의 bio(자기 소개), 거주 지역, 직업, 소속 단체 추가
- 계정 SMS 인증
- 스크립트 실행
- Competition에 submit
- Notebook 또는 Discussion(디스커션)에 댓글과 upvote(좋아요) 누르기

Contributor가 될 때는 메달이 따로 필요치 않습니다. 위의 조건만 만족하면 곧바로 칭호를 획득할 수 있습니다.

따라서 처음으로 목표하는 호칭은 Expert(엑스퍼트)가 될 것입니다. Expert는 2개 이상의 동메달이 필요합니다.

이어서 Master(마스터) 호칭입니다. 금메달 획득이 조건에 포함되어 있으므로 난이도가 높은 호칭입니다. 전 세계적으로 1300명 정도밖에 없습니다.

캐글의 최고 호칭은 Grandmaster(그랜드마스터)입니다. 5개의 금메달 획득이 조건이며, 그중에서 하나는 개인으로 참가해야 하므로 획득하기 굉장히 어려운 호칭입니다. 이 호칭을 획득한 사람은 전 세계적으로 170명 정도밖에 없습니다.

Competitions와 관련된 호칭만 소개했지만, 이외에도 Notebooks, Discussion, Datasets에도 호칭이 있습니다. 간단하게 정리해 보면 다음과 같습니다.

- Notebooks 호칭은 공개한 Notebook이 받은 upvote를 기준으로 부여됩니다.
- Discussion 호칭은 작성한 댓글이 받은 upvote를 기준으로 부여됩니다.
- Datasets 호칭은 공개한 Dataset(데이터 세트)가 받은 upvote를 기준으로 부여됩니다.

자세한 내용은 공식 페이지[7]를 참고해 주세요.

---

7   Kaggle Progression System
    https://www.kaggle.com/progression (Accessed: 15 February 2021)

1.2

캐글에서 사용하는 머신러닝

캐글의 Competition에서 중요한 것은 머신러닝 모델의 성능입니다. 이번 절에서는 캐글에서 요구하는 머신러닝 개념을 설명하겠습니다.

머신러닝이란 '컴퓨터에 사람과 같은 학습력을 부여하기 위한 기술의 총칭'입니다. 최근 크게 주목받는 '인공지능(AI)' 기술의 한 분야입니다.

머신러닝은 학습 방법에 따라서 크게 세 가지로 분류할 수 있습니다. 캐글에서는 첫 번째인 '지도 학습'과 관련된 문제가 많이 나옵니다.

- 지도 학습
- 비지도 학습
- 강화 학습

지도 학습(Supervised Learning)이란 컴퓨터에 문제와 답을 몇 개 알려주고, 이를 기반으로 아직 접하지 않은 문제에 대한 답을 요구하는 문제입니다. 그림으로 간략하게 표현하면 그림 1.2와 같습니다. 문제(X_train)와 답(y_train)으로 대응 관계를 학습시키고, 아직 접하지 않은 문제 (X_test)에 대응되는 답(y_test)를 구하는 것입니다.

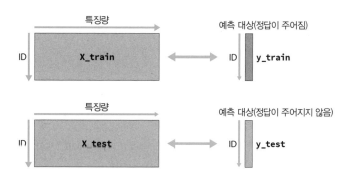

그림 1.2 **지도 학습의 개요**

이 기술은 일상의 다양한 상황에서 활용되고 있습니다. 예를 들면, 스팸 메일을 특정할 수 있습니다. 과거의 '메일 정보(본문 내용, 주소 등)'와 '스팸 메일인지'라는 데이터를 학습시키면 새로운 메일을 받았을 때 해당 메일이 스팸 메일인지 판정할 수 있습니다.

문제와 답에 대한 대응 관계를 학습시키기 위해서 다양한 방법(머신러닝 알고리즘)이 만들어졌습니다(그림 1.3). 최근 비약적으로 발전하고 있는 '딥러닝'은 머신러닝 알고리즘 중 하나입니다.

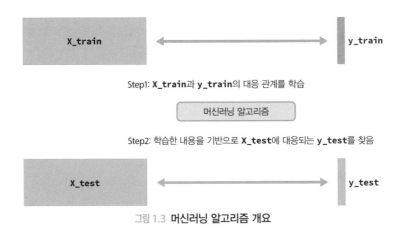

그림 1.3 **머신러닝 알고리즘 개요**

캐글은 일반적으로 다음과 같은 정보를 제공합니다. 참가자는 지도 학습을 사용해서 최대한 좋은 평가 점수를 받으면 됩니다.

- 풀어야 하는 문제
- 평가 방법
- 학습 전용 Dataset: 문제(X_train)와 답(y_train)
- 성능을 평가하기 위한 Dataset: 문제(X_test)만

Titanic의 경우, 풀어야 하는 문제는 'Titanic호 승객의 생존 여부 예측'이며, 평가 방법은 '정답률'입니다. Dataset로 '승객과 관련된 정보(이름, 성별, 티켓 종류 등)'가 제공됩니다.

<blockquote>

NOTE '비지도 학습' 과 '강화 학습'

</blockquote>

머신러닝의 남은 두 가지 분류인 '비지도 학습'과 '강화 학습'에 대해서 간단하게 설명하겠습니다.

■ 비지도 학습

비지도 학습(Unsupervised Learning)은 답을 알 수 없는 데이터 집합에서 유의미한 지식을 추출해 내는 방법입니다. 사실 세상에는 답이 없는 데이터가 압도적으로 많아서, 실무에서는 비지도 학습을 사용하는 경우가 굉장히 많습니다. 예를 들어 '클러스터링(Clustering)'[8]이 비지도 학습의 대표적인 예입니다.

■ 강화 학습

지도 학습과 마찬가지로 미지의 데이터에 대응하는 능력을 컴퓨터가 습득하게 만드는 것을 목표로 하는 방법입니다. 대신 답을 직접적으로 주지 않으므로 스스로 답이 좋은지를 평가하고, 이 평가가 향상될 수 있도록 학습을 진행하는 것이 목적입니다.

로봇 자동 제어와 컴퓨터 게임 등에서 많이 사용되며 명확한 답을 주기 어려운 경우에 많이 사용되는 방법입니다.

예를 들어서 바둑에서 '어떻게 두는 것이 최선의 정답이다'를 모두 설명하고 단언하는 것은 불가능에 가깝습니다. 하지만 컴퓨터가 '어떤 상황에서 어떻게 두는 것이 좋다'를 스스로 생각하게 하고, '그래서 이겼는가?'를 평가 기준으로 삼게 만들면, 계속해서 여러 수를 두면서 스스로 학습합니다.

8 　옮긴이　클러스터링(Clustering, 또는 군집화)은 다음과 같이 데이터들의 분포를 기반으로 데이터를 그룹화하는 것을 의미합니다.

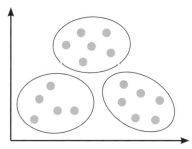

캐글 계정 만들기

이번 절에서는 캐글 계정을 만드는 방법을 알아보겠습니다. 일단 캐글 메인 페이지(https://www.kaggle.com/)에 들어갑니다(그림 1.4).

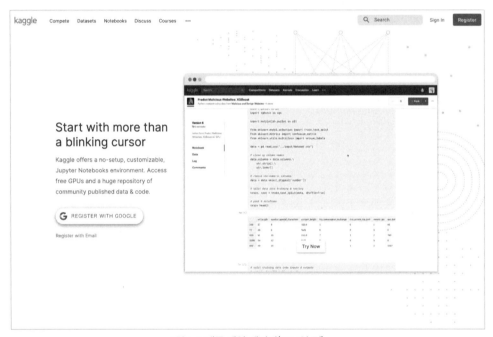

그림 1.4 **캐글 메인 페이지(로그인 전)**

계정을 만들 때는 구글(Google) 계정 또는 메일 주소가 필요합니다. 구글 계정을 사용할 경우 'REGISTER WITH GOOGLE', 메일 주소를 사용할 경우 'Register with Email'을 눌러서 계정을 만듭니다.

계정을 만들 때 'Username'은 캐글 프로필 페이지의 URL 등에도 활용되는 ID입니다. 이후에 변경할 수 없으므로 잘 생각해서 등록하세요.

캐글에 로그인한 후에는 메인 페이지가 그림 1.5처럼 나옵니다.

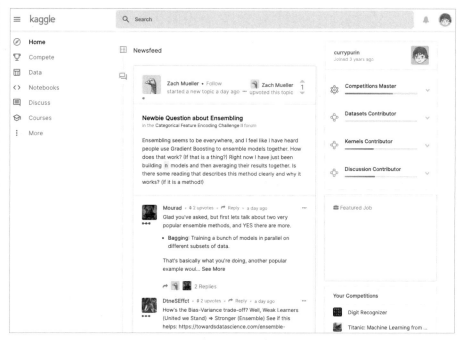

그림 1.5 **캐글 메인 페이지(로그인 후)**

'Newsfeed(뉴스피드)'에는 자신이 follow(팔로우)하고 있는 사용자가 공개한 Notebook과 Discussion 등의 정보가 나옵니다.

오른쪽에 나오는 자신의 ID와 아이콘 아래에는 호칭 획득 진척도가 출력됩니다. 오른쪽 끝에 있는 드롭다운 아이콘을 클릭하면 호칭 획득 조건을 확인할 수 있습니다.

아래에는 'Your Competitions', 'Your Datasets', 'Your Notebooks' 등이 나옵니다. 각각 자신이 참가한 Competition, 자신이 만든 Dataset, 자신이 만든 Notebook을 의미합니다.

1.4

Competitions 페이지 개요

메인 페이지 왼쪽에 있는 'Compete'을 누르면 Competition 목록을 확인할 수 있습니다(그림 1.6).

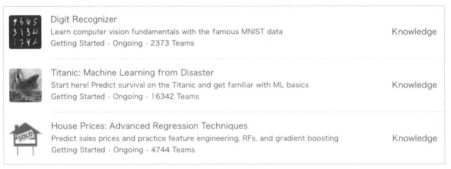

그림 1.6 **Competitions 페이지**

'Competitions'에서는 현재 개최되고 있거나 과거에 개최되었던 Competition을 확인할 수 있습니다. Competition 제목 또는 참가 팀 수 등을 확인할 수 있습니다. 일단 목록에서 이 책에서 살펴볼 Titanic으로 이동해 주세요.

Competition에 참가하려면 오른쪽 위에 있는 'Join Competition' 버튼을 클릭합니다(그림 1.7).

클릭하면 규칙에 동의하는지를 묻는 페이지로 이동합니다(그림 1.8). 'Rules'에 적힌 내용을 확인하고, 동의하면 'I Understand and Accept'를 클릭합니다.

그림 1.7 **규칙 동의 전의 페이지**

Please read and accept the competition rules

Titanic: Machine Learning from Disaster

By clicking on the "I Understand and Accept" button below, you agree to be bound by the competition rules.

I Understand and Accept

그림 1.8 **규칙 동의 화면**

NOTE Competition 규칙

Titanic은 'Getting Started Prediction Competition'이라는 종류의 Competition입니다.
이는 캐글을 시작하는 사람들을 위한 특별한 Competition입니다. 그래서 하루에 submit할 수 있는
횟수 등의 규칙도 많이 설정되어 있습니다.

- 한 명이 한 계정만 사용해야 합니다. 여러 계정으로 submit하면 안 됩니다.
- 'Private Sharing'은 금지합니다. 팀 이외의 사람과 소스 코드를 공유하면 안 됩니다.
- submit 횟수 상한이 있습니다(일반적으로 2~5회로 설정되어 있습니다).
- 팀의 최대 인원 수가 정해져 있습니다(최근에는 5명까지로 설정되어 있습니다).
- 팀 통합을 할 때는 전원의 submit 수 합계가 '1일_최대_submit_수 × Competition_시작부터
  의_날짜_수'보다 적어야 합니다.

Competition에 따라서 이 이외의 규칙이 있을 수도 있습니다. 그러므로 Competition에 참가할 때
는 규칙을 반드시 확인해 주세요.

규칙에 동의하면 다음과 같은 화면이 나옵니다(그림 1.9). 각각의 탭에는 표 1.3과 같은 내용이
들어 있습니다.

그림 1.9 **규칙 동의 후의 화면**

표 1.3 **Competition 페이지의 콘텐츠**

항목	콘텐츠
Overview	Competition의 개요, 평가 지표, 메달 대상 등을 설명
Data	Competition 데이터 설명
Code	공개 Notebook 목록, Notebook 만들기
Discussion	Competition 게시판
Leaderboard	Competition 순위표
Rules	Competition 규칙
Team	팀 이름 변경, 팀 통합 요청 작성, 승락
My Submissions	자신이 submit한 결과 목록
Submit Predictions	자신의 컴퓨터에서 작성한 csv 파일 submit

NOTE Overview

Overview에서는 Competition 개요, 평가 지표 등을 확인할 수 있습니다. Competition에 참가할 때 알아 두어야 할 정보가 많으므로 꼭 확인하는 것이 좋습니다.

■ Description
Description에서는 Competition의 목적, 주최자의 주최 이유 등을 확인할 수 있습니다. 주최자가 왜 Competition을 개최하는지를 이해하는 것은 좋은 모델을 만들기 위한 필수 사항입니다.

■ Evaluation
Evaluation(이밸류에이션, 평가)에서는 평가 지표, submit할 csv 파일의 형식 등을 확인할 수 있습니다. 어떤 평가 지표로 점수를 매기는지나, submit하는 파일의 형식은 Competition에 따라서 다릅니다. 따라서 Evaluation 페이지를 꼭 확인하고, 그에 맞게 csv 파일을 작성해야 합니다. Competition에 따라서는 csv 파일이 아닌 다른 형식이 지정되는 경우도 있습니다.

■ Timeline
Timeline(타임라인)에서는 다음과 같은 제한 등이 확인할 수 있습니다.

* Entry deadline
  규칙 동의 기간으로서 Competition에 참가할 때는 여기에 적힌 날짜까지 규칙을 지켜야 합니다.
* Team merger deadline
  팀 결합 제한으로 Final submittion deadline의 1주 전으로 설정되어 있는 경우가 많습니다.
* Final submission deadline
  최종 submit 기간입니다.

시간대(타임존)이 UTC로 지정된 경우가 많습니다. 한국 표준시(KST)를 구하려면, UTC에서 9시간을 추가해야 합니다. 따라서 예를 들어 UTC 24시라고 쓰여 있다면 한국 시간으로는 다음날 9시까지가 마감입니다.

■ **Prizes**

Prizes(프라이즈, 수상)에는 입상 팀의 수, 상금 등이 적혀 있습니다.

Titanic의 경우는 캐글 초보자를 위한 Competition이다 보니, Timeline과 Prizes 등이 없습니다. 대신 Tutorials와 Frequently Asked Question이라는 항목이 있습니다.

NOTE Team

Team에서는 팀 이름, 팀 멤버 확인, 팀 리더 설정, 팀 멤버 초대, 초대 요청 확인 등을 할 수 있습니다 (그림 1.10).

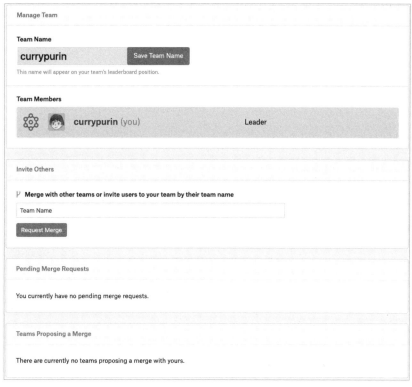

그림 1.10 **Team 페이지**

환경 구축을 따로 하지 않아도 되는 'Notebooks'의 사용 방법

캐글은 파이썬과 R을 브라우저에서 실행할 수 있는 Notebooks 환경을 제공합니다. 머신러닝에서 자주 사용되는 다양한 패키지가 미리 설치되어 있으므로 초보자도 환경 구축을 따로 하지 않고서 가볍게 사용해 볼 수 있습니다.

1.5.1 Notebook 만들기

Notebook을 새로 만들려면 Notebooks 탭을 선택한 후 'New Notebook'을 클릭합니다(그림 1.11).

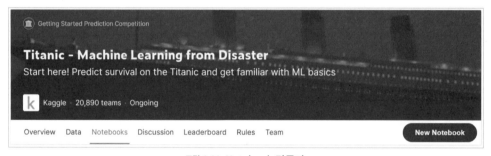

그림 1.11 **Notebook 만들기**

Notebook을 만들면 그림 1.12와 같은 화면이 표시됩니다. 위에 있는 'Draft Session', 'HDD', 'CPU', 'RAM'을 클릭하면 Notebook을 사용했던 시간, Disk 사용량, CPU 사용률, 메모리 사용량이 표시됩니다. 표시되는 범위 내부에서 이것들을 자유롭게 사용할 수 있습니다.

오른쪽 아래의 'Settings'에는 Notebook의 설정이 표시되며, 설정을 변경할 수도 있습니다. Settings의 주요 항목을 정리하면 표 1.4와 같습니다.

그림 1.12 **Notebook 작업 화면**

표 1.4 **Settings의 주요 설정 항목**

항목	콘텐츠
Language	Notebook에서 사용할 프로그래밍 언어를 선택합니다. 파이썬과 R을 선택할 수 있습니다.
Internet	인터넷 접속 여부입니다. 가능하게 만들면 패키지 설치 등의 인터넷을 필요로 하는 처리를 할 수 있습니다.
Accelerator	GPU, TPU 사용 유무를 선택할 수 있습니다.

1.5.2 소스 코드 실행하기

Notebook으로 파이썬 소스 코드를 실행해 봅시다. Notebook은 '셀(cell)'이라고 부르는 단위로 소스 코드를 작성하고, 셀 단위로 소스 코드를 실행할 수 있습니다.

소스 코드를 실행하려면 셀 왼쪽에 있는 삼각형을 클릭합니다. 또한 셀을 활성화(선택한 상태에서)하고, 'Shift + Enter' 단축키를 누르면 셀을 실행할 수 있습니다.

초기에 자동으로 작성되어 있는 소스 코드를 실행해 봅시다. 이 소스 코드는 '/Kaggle/input'에 있는 파일을 출력합니다. 'gender_submission.csv', 'test.csv', 'train.csv'라는 3개의 csv 파일이 출력됩니다(그림 1.13).

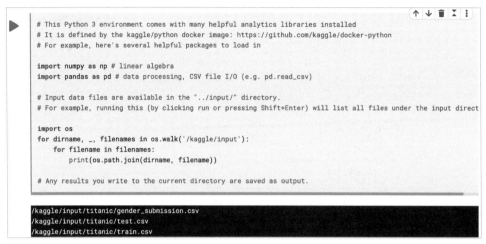

```
# This Python 3 environment comes with many helpful analytics libraries installed
# It is defined by the kaggle/python docker image: https://github.com/kaggle/docker-python
# For example, here's several helpful packages to load in

import numpy as np # linear algebra
import pandas as pd # data processing, CSV file I/O (e.g. pd.read_csv)

# Input data files are available in the "../input/" directory.
# For example, running this (by clicking run or pressing Shift+Enter) will list all files under the input direct

import os
for dirname, _, filenames in os.walk('/kaggle/input'):
    for filename in filenames:
        print(os.path.join(dirname, filename))

# Any results you write to the current directory are saved as output.
```

```
/kaggle/input/titanic/gender_submission.csv
/kaggle/input/titanic/test.csv
/kaggle/input/titanic/train.csv
```

그림 1.13 **파일 출력**

새로운 셀을 추가하려면 '+ Code' 또는 '+ Markdown'을 클릭합니다(그림 1.14). '+ Code'를 클릭하면 소스 코드를 작성할 수 있는 셀이 추가됩니다. '+ Markdown'을 클릭하면 설명 등의 텍스트를 작성할 수 있는 셀이 추가됩니다.

그림 1.14 **Code 셀과 Markdown 셀 추가 버튼**

'+ Code'를 클릭해서 새로운 셀을 만들고, 그림 1.15처럼 '!pwd'라고 입력해 봅시다.

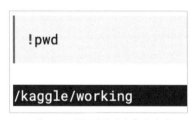

그림 1.15 **작업 디렉터리 출력하기**

이는 현재 작업 디렉터리를 출력하는 명령어입니다. 출력 결과를 보면 현재 작업 디렉터리가 '/Kaggle/working'이라는 것을 알 수 있습니다.

Titanic의 경우, 그림 1.16과 같은 디렉터리 구성을 갖습니다.

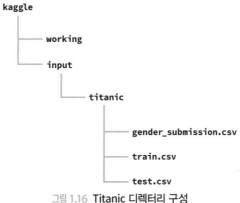

```
kaggle
    ├── working
    └── input
            └── titanic
                    ├── gender_submission.csv
                    ├── train.csv
                    └── test.csv
```

그림 1.16 **Titanic 디렉터리 구성**

현재 작업 디렉터리에서 '/kaggle/input/titanic/train.csv'를 읽어 들이려면 다음 소스 코드처럼 작성합니다. '../'는 한 단계 위의 디렉터리를 의미합니다.[9]

```
1: pd.read_csv('../input/titanic/train.csv')
```

이 소스 코드를 실행하면 학습 전용 Dataset인 train.csv를 읽어 들입니다.

이어서 새로운 코드 셀을 작성하고, '1+2'라고 입력하고 실행해 봅시다. 실행 결과로 '3'이 출력됩니다(그림 1.17).

이처럼 Notebook은 셀이라는 단위로 소스 코드를 실행할 수 있습니다. 결과를 확인하면서 소스 코드를 작성할 수 있으므로 초보자도 사용하기 쉬운 도구라고 할 수 있습니다.

그림 1.17 **간단한 계산**

---

9 [옮긴이] 기존에 있는 있는 셀을 실행해서 'import pandas as pd'라는 코드를 실행해야, 코드에서 pd(pandas 모듈)을 사용할 수 있습니다.

1.5.3 공개되어 있는 Notebook 사용 방법

캐글은 다른 사람이 공개한 Notebook을 복제해서 자신의 Notebook으로 사용할 수도 있습니다. 이번 절에서는 이 책의 샘플 코드로서 공개되어 있는 Notebook을 사용해 보겠습니다. 일단 2.1절에서 다루는 Notebook에 접근해 주세요.

오른쪽 위에 있는 'Copy and Edit'를 클릭하면 편집 화면으로 이동합니다. 이 시점에서 이미 원래 Notebook과는 다른 Notebook으로 복제되었으므로, 마음대로 편집해도 상관없습니다.

2장 이후에서는 이 방법으로 Notebooks 환경을 사용해서 샘플 코드를 실행할 수 있습니다. 책만 읽기보다는 반드시 코드를 직접 실행해 보면서 읽는 것을 추천합니다.

1장 정리

이번 장에서는 캐글의 개요를 살펴보았습니다. 정리하면 다음과 같습니다.

- 캐글 문제 설정(머신러닝의 지도 학습 개념)
- 캐글에 등록하고 로그인하는 방법
- 환경 구축이 간단한 Notebooks 분석 환경 사용 방법

카레 씨는 캐글을 시작한 계기가 어떻게 되시나요?

 저는 어릴 때부터 생각했던 경마 예측을 머신러닝으로 만들 수도 있지 않을까 하는 생각이 들어서 머신러닝 공부를 시작했습니다. 그런데 데이터를 모으는 것 자체가 너무 힘들었습니다. 그때 주변 사람들이 캐글이라는 곳에서 데이터를 기본적으로 제공해 주며, 머신러닝도 쉽고 다양하게 배울 수 있다고 알려줘서 시작했습니다. 2017년 가을이었습니다.
처음에는 그냥 경마를 예측하겠다는 단순한 동기뿐이었지만, 캐글을 하면 할수록 머신러닝이 재미있어져서 이제는 그냥 머신러닝 자체가 즐거운 상태로 캐글을 하고 있습니다.

 저는 2018년 연휴 때 할 일이 없어서 시작했습니다. 머신러닝은 대학교에서 조금 배워서, 캐글에 대해서도 들어본 적은 있었습니다. 이 연휴 동안 Titanic을 시작으로 간단히 해보다가, 이어서 submit도 해보았습니다.

 Titanic은 submit을 처음 해보는 관점에서 본다면 머신러닝 초보자도 굉장히 쉽게 해낼 수 있어서 좋은 것 같습니다. 제가 처음 캐글을 시작할 때는 정보가 너무 없어서, submit하는 것만으로도 꽤나 힘이 들었습니다. 머신러닝, 영어, 캐글 사이트 사용법이라는 세 가지 역경을 한꺼번에 돌파해야 해서 제법 고생했습니다.
그래서 처음 Titanic을 해보고 나서, 개발 동인지[10]로 《캐글 튜토리얼》이라는 책을 2018년 4월에 만들어 보았습니다. 초보자가 submit을 처음 해본다는 관점에서 만든 책이었습니다.

 저도 일본어로 정리된 정보가 적다는 생각을 해서, 2019년 3월부터 Qiita에 캐글과 관련된 글들을 올렸습니다. 개인적으로 Titanic도 굉장히 좋은 공부라고 생각하지만, 더 나아가서 메달을 획득할 수 있는 Competition에 참가해야 다른 강자들과 경쟁하며 많이 배우고, 더 많은 재미를 느낄 수 있다고 생각합니다. Titanic을 공부하면서 다른 Competition에 참가하기 위한 토대를 만들면 좋을 것이라 생각하여 이를 주제로 글을 작성했습니다.
이 글은 프로그래밍 대회 사이트 'AtCoder'를 처음 공부할 때 읽었던 'AtCoder를 시작할 때 풀어 보았으면 하는 문제 10선'이라는 글의 영향을 받았습니다. 이때 공부하면서 느꼈지만, 자고로 공부란 어느 정도 기초를 배운 후, 곧바로 문제 풀이 등에 도전해서 자신의 실력 부족을 실제로 체감한 다음, 여기서 부족하다 느낀 것들을 추가로 학습하는 것이 가장 효율적이라고 생각합니다.

---

10 [옮긴이] 일본은 개인이 책을 만들고, 모여서 파는 행사들이 꽤 많습니다. 이러한 곳에서 파는 책들을 동인지라고 합니다.

'곧바로 문제 풀이 등에 도전해서 자신의 실력 부족을 실제로 체감한 다음, 여기서 부족하다 느낀 것들을 추가로 학습하는 것이 가장 효율적'이라는 말씀에는 저도 동의합니다. 제가 만들었던 동인지는 단순히 캐글에 참여하는 것만 다루었는데, 'Titanic을 해보았다'와 '실제로 Competition에 참가한다'라는 내용 사이에는 거리가 있다고 생각했습니다. u++ 씨의 글을 처음 보았을 때, 이런 거리를 메워줄 수 있는 글이라는 생각이 들었습니다.

 자신이 캐글과 맞을지는 사람에 따라 다르리라 생각하지만, 꼭 한번 시도해 볼 것을 추천합니다. 저는 캐글을 통해 전 세계의 사람들과 경쟁할 수 있다는 것이 기쁘기도 하고, 힘들기도 합니다. 하지만 마치 온라인 게임 같은 느낌으로 즐겁게 참여하고 있습니다. 이겼을 때 데이터 사이언티스트에게 격려가 되는 메달과 호칭 등도 주어서 참 좋은 것 같습니다.

저도 재미있어서 시간 가는 줄 모르고 하는 편입니다. 초보자도 세계 정상급의 데이터 사이언티스트와 경쟁할 수 있다는 기회가 주어진다는 것이 참 좋은 부분이라고 생각합니다. 또한, 많은 분들이 자신의 소스 코드를 공개해 준다는 점도 굉장히 좋은 공부가 되는 것 같습니다.

 Notebooks와 Discussion은 지식의 보고라고 할 수 있는 것 같습니다. 저는 실제로 데이터 사이언티스트로서 종사하고 있는데, 캐글에서 배운 것을 업무에도 많이 활용합니다. 과거에 'TalkingData AdTracking Fraud Detection Challenge'[11]과 'Santander Value Prediction Challenge'[12]에서 솔로로 메달을 획득했습니다. 이때도 Notebooks와 Discussion을 많이 참고했습니다. 공개된 정보들만 잘 취합해도 동메달 정도는 딸 수 있다고 생각합니다.

저도 'Santander Value Prediction Challenge'[12]에서 처음으로 솔로 금메달을 획득했습니다. 운이 좋았던 것 같습니다.

 카레 씨는 공개된 정보를 중심으로 Competition을 진행했나요?

Discussion에서 논의되는 방법을 다양하게 살펴보고, 좋은 Notebooks를 조금 변경하고 합쳐서 금메달을 획득했습니다. 사실 이때는 일부 데이터의 답이 데이터 내부에 존재하는 상황이 벌어져서, 문제 자체에 약간의 문제가 있었습니다. 다만, 초보자도 공개된 정보를 잘 따라가기만 하면 금메달을 딸 수 있다는 자신감을 얻었습니다.

11 TalkingData AdTracking Fraud Detection Challenge
   https://www.kaggle.com/c/talkingdata-adtracking-fraud-detection (Accessed: 15 February 2021)
12 Santander Value Prediction Challenge
   https://www.kaggle.com/c/santander-value-prediction-challenge (Accessed: 15 Feburary 2021).

여러 참가자들이 서로의 답을 공개하는 분위기가 형성돼 있고, Competition 후에도 다양하게 배울 수 있다는 점이 참 좋습니다. 오프라인에서 이러한 Competition을 토론하는 이벤트들도 참 재미있고요.

캐글 오프라인 이벤트에서 많은 캐글러(Kaggler)를 만날 수 있었습니다. 다른 분들과 여러 이야기를 하고 있었고, 다른 분들도 캐글을 비슷한 방식으로 진행하고 있었습니다. 모두 진지하게 참여하고 있다는 것도 알 수 있어서 좋았습니다.

 저도 오프라인 이벤트에서 카레 씨를 처음 만났습니다만, 그때는 같이 책을 쓰게 되리라고는 생각도 못 했네요.

제 **2** 장

Titanic 문제

이번 장에서는 실제로 Titanic 문제를 풀어 보면서, 머신러닝을 사용한 예측 모델을 구축하겠습니다. 점수를 조금씩 높이면서 캐글의 기본적인 내용을 살펴봅시다.

2.1절에서 Leaderboard(리더보드)에 들어가고, 2.2절에서 샘플 코드의 흐름을 확인하겠습니다. 2.3절에서는 주어진 데이터를 대략적으로 파악하고, 이어지는 2.4~2.8절에서는 캐글의 기본적인 내용을 조금씩 배우면서 점수를 올려봅시다.

이번 장의 샘플 코드는 깃헙에 공개되어 있습니다. 파일 하나에 한 절의 내용이 나누어 담겨 있습니다. 예를 들어서 2.1절에서 사용한 파일은 ch02_01.ipynb입니다. 코드와 관련된 자세한 설명은 부록에 있으므로 꼭 함께 참고하세요.

일단 submit해 보기!

이번 절에서는 캐글에서 submit하는 방법을 살펴보겠습니다.

캐글은 다음과 같은 방법으로 자신이 작성한 머신러닝 모델의 예측 결과를 submit할 수 있습니다.

- Kaggle Notebook 사용
- csv 파일 직접 업로드
- Kaggle API[13] 사용

일단 캐글의 Notebook을 사용해서 submit하는 방법을 소개하겠습니다. 캐글에 업로드할 2.1절의 샘플 코드를 열고, 복사해서 붙여 넣어 주세요.

이 Notebook에는 여러 셀이 포함되어 있지만, 일단 다른 것은 생각하지 않고 오른쪽 위에 있는 'Save Version'을 클릭해 주세요. Notebook 전체가 처음부터 실행됩니다.

Save Version이 완료되면 오른쪽에 숫자가 표시됩니다. 숫자를 누르면 Notebook의 버전이 출력됩니다.

---

13 Kaggle API
https://github.com/Kaggle/kaggle-api (Accessed: 15 February 2021)

그림 2.1 실행 완료 후에 Viewing Version 화면

Go to Viewer를 누르면 최종 결과 화면으로 넘어갑니다.

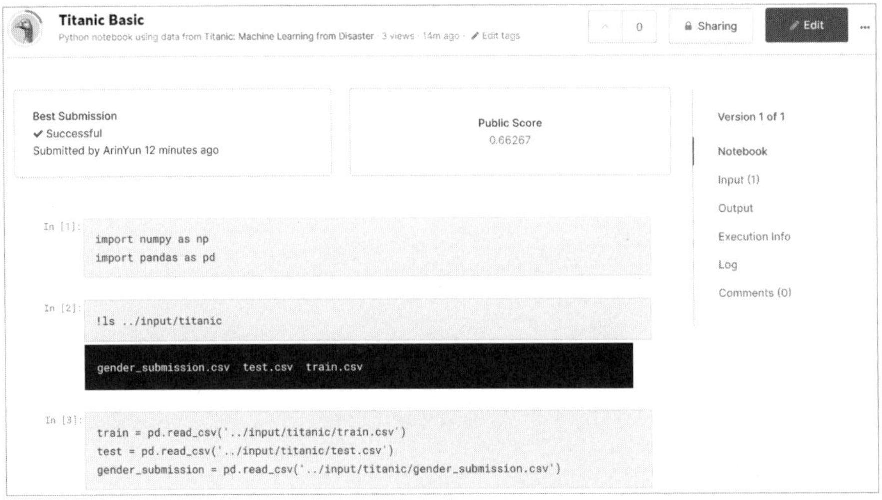

그림 2.2 실행이 완료된 후의 결과

오른쪽의 'Output' 탭을 클릭하면 그림 2.3처럼 현재 버전의 Notebook에서의 예측 결과가 'submission.csv'라는 파일로 저장된 것을 확인할 수 있습니다.

그림 2.3 **Output 탭**

'Submit'을 클릭하면 이 파일이 submit됩니다. 점수가 계산되는데, 현재 코드의 경우 '0.67464'라는 값이 출력됩니다(그림 2.4).

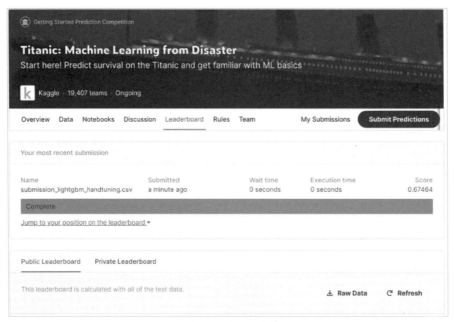

그림 2.4 submit 결과

점수가 문제없이 나왔으므로 Leaderboard에도 자신의 계정이 등록된 것을 볼 수 있습니다(그림 2.5).

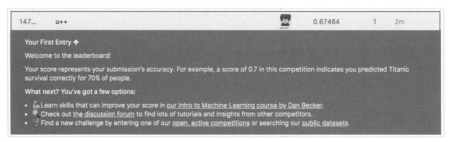

그림 2.5 submit 후의 Leaderboard

이상 Notebook을 사용해서 submit하는 방법을 살펴보았습니다.

캐글의 순위표는 'Leaderboard(리더보드)'라고 부르며, Public Leaderboard와 Private Leaderboard 라는 두 가지로 구분됩니다. 일반적으로 Leaderboard는 생략해서 'LB'라고도 부릅니다.

Competition 개최 기간 중에 확인할 수 있는 Public LB(퍼블릭 LB)는 테스트 데이터 일부로 점수를 낸 Leaderboard입니다. 최종 순위와는 무관합니다.

Private LB(프라이빗 LB)는 최종 순위가 되는 Leaderboard입니다. 이 점수는 Public LB 점수에 사용되는 테스트 데이터와는 다른 테스트 데이터로 계산되며, Competition 종료 후에만 확인할 수 있습니다.

따라서 Public LB 점수에는 크게 신경 쓰지 말고, Private LB 점수에 사용되는 데이터의 점수가 높은 모델을 만들어야 합니다.

Public LB와 Private LB에 사용되는 테스트 데이터의 비율은 Competition에 따라서 다릅니다. 그림 2.6과 같이 되어 있다면 테스트 데이터의 50%가 Public LB의 점수, 남은 50%의 데이터가 Private LB 점수 계산에 사용됩니다.

그림 2.6 **Leaderboard 페이지**

진행되고 있는 Competition의 경우, 'My Submissions' 탭에 표시되는 자신이 submit했던 목록에서 최종 순위에 반영할 submit을 2개까지 선택할 수 있습니다. 그림 2.7처럼 'Use for Final Score'에 체크한 것만 최종 순위 계산(Private LB 점수)에 사용됩니다.

그림 2.7 **My Submissions 페이지**

캐글의 Notebooks 환경 이외에서 만든 csv 파일은 'Submit Predictions' 탭에서 submit할 수 있습니다(그림 2.8).

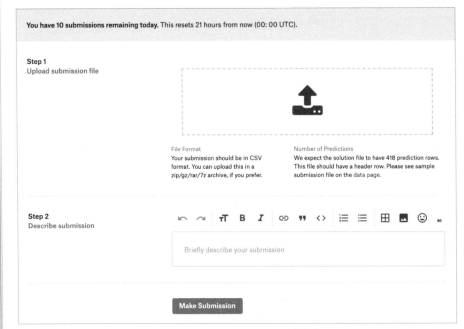

그림 2.8 **Submit Predictions 페이지**

이 탭에서 submit하는 과정은 다음과 같습니다.

1. 'Step 1'의 오른쪽에 있는 버튼으로 csv 파일을 업로드합니다.
2. 필요에 따라서 'Step 2'라고 적혀 있는 부분의 오른쪽 셀에 submit 설명을 입력합니다.
3. 'Make Submission' 버튼을 클릭합니다.

Kaggle API[14]라는 캐글 공식 API가 공개되어 있습니다. 이 API를 사용하면 캐글 웹 페이지에 들어가지 않고도 submit할 수 있습니다.
간단하게 Kaggle API를 설치하고, 초기 설정한 뒤 Titanic을 submit하는 방법을 살펴봅시다.

■ **설치와 초기 설정**
다음 명령어로 Kaggle API를 설치합니다.

---

14 Kaggle API
https://github.com/Kaggle/kaggle-api (Accessed: 15 February 2021)

```
pip install kaggle
```

pip는 파이썬 표준 패키지 관리 시스템입니다. 패키지 설치, 제거, 업데이트 등을 실행할 수 있습니다. 이어서 자신의 Account 페이지(https://www.kaggle.com/<자신의_사용자_이름>/account)로 이동합니다. 그림 2.9의 API에 있는 'Create New API Token'을 클릭해서 'Kaggle.json'을 다운로드합니다.

그림 2.9 **Kaggle API 토큰 추출하기**

이 json 파일이 인증 전용 토큰입니다. 사용하는 OS에 맞춰 다음 디렉터리에 배치합니다.

- Linux, macOS: ~/.kaggle/kaggle.json
- Windows: C:\Users\사용자_이름\.kaggle\kaggle.json

마지막으로 Linux와 macOS의 경우, 이 토큰에 자신만 접근할 수 있도록 권한을 설정합니다. 터미널에서 다음 명령어를 입력합니다.

```
chmod 600 ~/.kaggle/kaggle.json
```

이것으로 Kaggle API 초기 설정을 완료했습니다.

■ Submit

submit하는 명령어는 Competitions 페이지의 'My Submissions' 탭에 적혀 있습니다.
Titanic의 경우, `Kaggle competitions submit -c titanic -f submit_파일_경로 -m "메시지"`입니다(그림 2.10). 메시지는 'My Submissions'에 표시되는 submit 설명 메모입니다. 자유롭게 작성해도 상관없습니다.

```
>_   kaggle competitions submit -c titanic -f submission.csv -m "Message"
```

그림 2.10 **Kaggle API의 submit 명령어**

Kaggle API로 submit하는 방법을 간단하게 살펴보았습니다. Kaggle API는 이외에도 다음과 같은 기능이 있습니다.

- Competitions 목록 확인
- Competitions Dataset 다운로드
- Kaggle Datasets 다운로드, 만들기, 변경하기
- Notebook 업로드, 다운로드

자세한 내용은 공식 페이지[15]를 참고해 주세요.

---

15 Kaggle API
https://github.com/Kaggle/kaggle-api (Accessed: 15 February 2021)

Leaderboard에 오를 때의 쾌감이 캐글의 가장 즐거운 부분이라고 생각합니다. 스크린샷을 찍어서 트위터에 올릴 때도 정말 재미있습니다.

트위터로 공유하면서, 알고 지내는 캐글러들과 경쟁하는 것도 정말 재미있습니다.

처음 submit해서 Leaderboard에 올라갔을 때는 정말 재미있지만, 조금 있으면 순위가 쭉 떨어지기도 해서 조금 초조할 때도 있습니다. 이는 submit을 해본 사람만이 느낄 수 있는 경험이므로, 일단 '꼭 한번 submit해 볼 것'을 추천합니다.

submit 후에 점수가 표시될 때까지 시간이 약간 걸리므로, 그동안 두근두근하며 기다리는 것도 재미있습니다.

저도 기대하는 순간입니다. 좋은 점수가 뜰 때면 너무 흥분해서 소리를 지르기도 했습니다.

'이렇게 하면 점수가 오르지 않을까?'라고 생각하고, 실제로 구현했을 때 점수가 오르면 자신의 가설이 맞았다는 쾌감에 정말 짜릿합니다.

캐글에는 하루 동안 가능한 submit 횟수에 제한이 있지만, submit한다고 겪을 손해가 이것 이외에는 없으므로, 적극적으로 submit해서 시행착오를 반복하는 것이 좋다고 생각합니다. 물론, 팀원과 함께할 때는 팀원 전체의 submit 수를 맞춰야 하므로 조금 신경 써야 합니다.

근데 사실 submit해도 점수가 크게 바뀌지 않는 경우가 더 많은 것 같습니다.

그건 그런 것 같습니다. 캐글러들과 이야기할 때 '이것저것 다 해본다'라는 말을 많이 하는데요. 머신러닝 알고리즘이 효과가 있는지는 Dataset와 문제의 설정에 따라서 달라집니다. 그래서 머리로 '이것이 더 좋을 것이다'라고 생각하는 것보다는 일단 코드를 작성해서 실행해 보는 것이 중요한 것 같습니다. 만약 다른 사람의 해답을 보게 되더라도, 일단 손을 움직여서 한번 정도는 직접 submit해 보는 것이 좋다고 생각합니다. 이렇게 데이터의 사양, Competition의 특징을 파악하고 나서 해답을 보면 훨씬 잘 이해됩니다.

그렇습니다. 이 책도 마찬가지일 것이라고 생각합니다. 직접 손을 움직여서 한번 입력해 보면서 따라하면, 느낌과 이미지를 파악하기가 쉬워서 훨씬 잘 이해할 수 있을 것입니다.

전체적인 흐름 파악하기: submit까지의 처리 흐름 살펴보기

이번 절에서는 2.1절에서 잠시 무시했던 Notebook 처리의 흐름을 구체적으로 살펴봅시다. 반드시 실제로 코드 셀을 차근차근 실행해 보면서 따라 하기 바랍니다.

처리 흐름을 간단하게 정리해 보면 다음과 같습니다.

1. 패키지를 읽어 들이기
2. 데이터를 읽어 들이기
3. 특징량 엔지니어링
4. 머신러닝 알고리즘 학습과 예측
5. submit

2.2.1 패키지 읽어 들이기

```
1: import numpy as np
2: import pandas as pd
```

일단 이후 처리에 사용할 '패키지'를 import합니다. 패키지를 import하면 다양한 기능을 확장해서 사용할 수 있습니다.

예를 들어서 위의 코드에서 import하는 NumPy[16]은 숫자 계산을 지원하는 패키지이며, Pandas[17]는 Titanic과 같은 테이블 형식의 데이터(테이블 데이터)를 쉽게 읽어 들일 수 있게 해주는 패키지입니다.

위의 코드는 두 패키지를 import하는 코드입니다. import는 어떤 위치에서 해도 상관없습니다. 일반적으로 가장 앞 부분에서 import하지만, 이 책의 샘플 코드는 쉽게 이해할 수 있는 순시로 작성하는 것을 우선했으므로 관련된 코드를 사용하기 직전에 import하도록 코드를 작성한 경우도 있습니다.

---

[16] NumPy
https://numpy.org/ (Accessed: 15 February 2021)

[17] Pandas
https://pandas.pydata.org/ (Accessed: 15 February 2021)

2.2.2 데이터 읽어 들이기

이번 절에서는 캐글이 제공하는 데이터를 읽어 들이는 방법을 살펴봅시다.

일단은 어떤 데이터가 제공되는지 확인합시다. 자세한 내용은 Titanic 페이지의 'Data' 탭에 적혀 있습니다.

```
1: train = pd.read_csv('../input/titanic/train.csv')
2: test = pd.read_csv('../input/titanic/test.csv')
3: gender_submission = pd.read_csv('../input/titanic/gender_submission.csv')
```

- gender_submission.csv는 submit 전용 csv 파일 샘플입니다. 이 파일로 요구하는 형식을 확인할 수 있습니다. 가상 예측으로 여성만 생존(Survived가 1)한 값이 설정되어 있습니다.
- train.csv는 머신러닝 학습 전용 데이터입니다. 이 데이터에는 Titanic호 승객의 성별, 나이 등의 속성 정보와 이 승객의 생존 여부(Survived)가 포함되어 있습니다.
- test.csv는 테스트 전용 데이터입니다. 이 데이터에는 Titanic호 승객의 성별, 나이 등의 속성 정보만 포함되어 있습니다. 학습 전용 데이터를 기반으로 테스트 전용 데이터를 테스트해야 합니다. train.csv와 비교하면 Survived라는 열이 존재하지 않는다는 것을 알 수 있습니다.

그림 2.11은 Titanic이 제공하는 데이터의 예입니다.

	PassengerId	Pclass	Name	Sex	Age	SibSp	Parch	Ticket	Fare	Cabin	Embarked
0	892	3	Kelly, Mr. James	male	34.5	0	0	330911	7.8292	NaN	Q
1	893	3	Wilkes, Mrs. James (Ellen Needs)	female	47.0	1	0	363272	7.0000	NaN	S
2	894	2	Myles, Mr. Thomas Francis	male	62.0	0	0	240276	9.6875	NaN	Q
3	895	3	Wirz, Mr. Albert	male	27.0	0	0	315154	8.6625	NaN	S
4	896	3	Hirvonen, Mrs. Alexander (Helga E Lindqvist)	female	22.0	1	1	3101298	12.2875	NaN	S

그림 2.11 Titanic이 제공하는 데이터

예를 들어서 Name과 Sex 등은 문자열로 저장되어 있으므로 그대로 머신러닝 알고리즘에 입력할 수 없습니다. 때문에 머신러닝 알고리즘이 다룰 수 있는 숫자 형식으로 변환해야 합니다.

NaN이라고 되어 있는 부분은 데이터가 빠져 있는 부분입니다. 일부 머신러닝 알고리즘에서는 이러한 빠진 부분을 다룰 수 없으므로 평균값 또는 중앙값 등의 대푯값으로 해당 값을 메꾸어야 하는 경우도 있습니다.

특징량 엔지니어링

다음과 같은 처리를 '특징량 엔지니어링(Feature Engineering)'이라고 부릅니다.

- 읽어 들인 데이터를 머신러닝 알고리즘에서 사용할 수 있게 변환하는 것
- 기존의 데이터를 기반으로 머신러닝 알고리즘 예측할 때 유용한 새로운 특징량을 만드는 것

일단 앞의 것의 예는 Sex를 나타내는 male과 female을 각각 0과 1로 변환하는 것입니다.

```
1: data = pd.concat([train, test], sort=False)
2: data['Sex'].replace(['male', 'female'], [0, 1], inplace=True)
```

빠진 데이터를 메꾸는 처리도 포함됩니다. 예를 들어서 다음 코드는 Fare 중에 값이 빠진 부분을 평균값으로 채웁니다.

```
1: data['Fare'].fillna(np.mean(data['Fare']), inplace=True)
```

뒤의 것의 예는 2.4절에서 자세하게 다루도록 하겠습니다.

그림 2.12는 특징량 엔지니어링을 그림으로 나타낸 예입니다.

그림 2.12 **특징량 엔지니어링의 개요**

특징량 엔지니어링 후의 데이터를 보다 일반화해서 표현한 것이 그림 2.13입니다.

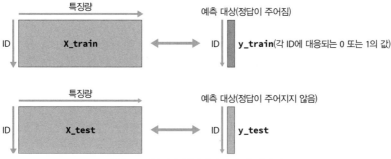

그림 2.13 특징량 엔지니어링 후의 데이터

원본 데이터의 특징량을 엔지니어링하면 머신러닝 알고리즘에 사용할 수 있는 X_train, y_train, X_test라는 Dataset를 만들 수 있습니다.

NOTE 특징량 일반화

Titanic의 경우, Sex는 0 또는 1이라는 값밖에 없습니다. 하지만 Age는 최대 80인 값도 존재합니다. 이번 절에서 머신러닝 알고리즘으로 사용하는 로지스틱 회귀는 특징량들의 범위가 다르면 학습이 제대로 되지 않습니다. 이러한 문제를 해결하려면 최대한 특징량의 범위를 조정해서 맞추어야 합니다.

이러한 범위 조정을 '일반화(generalization)'라고 부르며, 특징량의 평균을 0, 표준 편차를 1로 변환합니다. 표준 편차는 데이터의 흩어진 정도를 나타냅니다. 구현으로 `sklearn.preprocessing.StandardScaler()`[18]가 있으므로 이를 사용하면 됩니다.

다만 최근 캐글에서는 일반화 등의 특징량 변환의 영향이 적은 머신러닝 알고리즘을 사용하는 편입니다. 2.5절에서 로지스틱 회귀 대신 사용하는 '랜덤 포레스트'[19]와 'LightGBM'[20] 등이 여기에 해당합니다.

이 책은 최종적으로 LightGBM을 머신러닝 알고리즘으로 사용합니다. 따라서 특징량을 의도적으로 일반화하지 않고 내용을 진행하겠습니다.

NOTE 결손값 보완하기

이번 절에서는 결손값(값이 빠진 부분)을 다른 값으로 보완합니다. 하지만 이 책에서 최종적으로 사용하는 LightGBM 등의 머신러닝 알고리즘은 결손값이 있어도 상관없습니다. 값이 빠진 것 자체에 어떤 의미가 존재할 수도 있으므로 사실 결손값을 대책 없이 보완하는 것은 좋은 방법이 아닙니다.

---

18 sklearn.preprocessing.StandardScaler
https://scikit-learn.org/stable/modules/generated/sklearn.preprocessing.StandardScaler.html (Accessed: 15 February 2021)
19 sklearn.ensemble.RandomForestClassifier
https://scikit-learn.org/stable/modules/generated/sklearn.ensemble.RandomForestClassifier.html (Accessed: 15 February 2021)
20 LightGBM
https://lightgbm.readthedocs.io/en/latest/ (Accessed: 15 February 2021)

일반적으로 결손값은 다음과 같은 방법으로 처리합니다. 상황에 맞게 다양한 방법을 시도해 보세요.

- 결손값을 그대로 다룸
- 대푯값으로 결손값을 보완
- 다른 특징량으로 결손값을 예측해서 보완
- 결손값인지 아닌지를 기반으로 새로운 특징량을 만들어서 사용

NOTE train과 test 결합

이번 절에서는 데이터를 가공하기 전에 'train.csv를 읽어 들인 train'과 'test.csv를 읽어 들인 test'를 세로 방향으로 결합했습니다.

```
1: data = pd.concat([train, test], sort=False)
```

이러한 결합에는 다음과 같은 장점이 있습니다.

- 공통 처리를 한꺼번에 할 수 있음
- test 정보도 함께 고려해서 처리를 실행할 수 있음

일단 **data**라는 형태로 결합해서 사용하므로 공통되는 처리를 한번에 해낼 수 있습니다. 또한, 예를 들어 **train**과 **test**의 특징량 분포가 다를 때는 예측이 제대로 되지 않는 경우가 있습니다. 이전에 설명한 일반화를 **train**만 실행하면 **test**에서 예측하지 못한 값이 있어서, **test**에 대해서는 변환이 제대로 이루어지지 않을 수 있습니다. 하지만 함께 결합해서 일반화하면 이런 문제들을 해결할 수 있습니다. 물론 실무에서는 머신러닝 모델을 만들 때, 예측 대상 데이터가 예측하지 못하도록 나올 수도 있습니다. 이런 관점에서는 특징량 엔지니어링 단계에서 **test**의 정보를 이용하는 것은 바람직하지 않다는 의견도 있습니다.

2.2.4 머신러닝 알고리즘 학습과 예측

준비한 특징량과 예측 대상 쌍을 기반으로, 머신러닝 알고리즘을 사용해서 대응 관계를 학습시켜 봅시다.

```
1: from sklearn.linear_model import LogisticRegression
2:
3:
4: clf = LogisticRegression(penalty='l2', solver='sag', random_state=0)
5: clf.fit(X_train, y_train)
```

이번 절에서는 '로지스틱 회귀'라는 머신러닝 알고리즘을 사용하겠습니다.

머신러닝 알고리즘의 동작은 하이퍼파라미터라는 값으로 제어됩니다. LogisticRegression() 의 괄호 안에 있는 값이 바로 하이퍼파라미터입니다. 하이퍼파라미터 조정 방법은 2.6절 '하이퍼파라미터 조정하기'에서 자세히 살펴보겠습니다.

학습을 완료하면 미지의 특징량(X_test)를 전달해서 예측할 수 있습니다.

```
1: y_pred = clf.predict(X_test)
```

y_pred에는 0 또는 1이라는 예측값이 저장됩니다. 실제 정답인 y_test와 구별하기 위한 목적으로, 변수의 이름을 y_pred라고 지었습니다.

2.2.5 submit

마지막으로 submit할 수 있게, 예측값을 csv 파일로 저장합니다.

```
1: sub = pd.read_csv('../input/titanic/gender_submission.csv')
2: sub['Survived'] = list(map(int, y_pred))
3: sub.to_csv('submission.csv', index=False)
```

캐글은 y_test의 내용을 이미 알고 있으므로 y_test와 y_pred를 비교해서 submit한 예측값의 점수를 내줍니다.

지금까지 submit 전에 해야 하는 처리들을 간단하게 살펴보았습니다.

■ **저자들의 이야기 ❸ — '벤치마크' 만들기**

 새로운 Competition에 참가할 때는 '일단 어떻게든 submit하는 것'이 가장 중요하면서도 어려운 것 같습니다. 이렇게 '일단 어떻게든 submit하는 것'을 '벤치마크를 만든다'라고도 표현합니다.

특히, 처음 시작했을 때는 직접 모델을 처음부터 만드는 것 자체가 힘들어서 더욱 버겁게 느껴지는 것 같습니다.

 일단 데이터를 가공하는 부분부터 문제가 됩니다. '다른 사람의 소스 코드를 복사해서 넣었는데도 동작하지 않는다'나 '자신이 생각한대로 변형되지 않는다'와 같은 일도 많이 벌어집니다.

오류가 발생하고, 어떻게든 해결했는데 또 오류가 나오고, 시간은 계속 흐르는데, 전혀 진척이 없는 것 같을 때도 있습니다.

데이터 사이언스 분야에서는 피할 수 없는 일일지도 모르겠습니다. 다만 이렇게 처음부터 힘들면 캐글의 즐거움을 느끼지 못하고 고통 속에서 포기하게 되므로 좋지 않습니다. 따라서 처음에는 submit이 되어 있는 상태의 공개 Notebook을 활용하는 것이 좋습니다.

Competition을 몇 번 체험해 보고 나서야 벤치마크를 만들 때 어떤 부분을 주의해야 하는지도 알게 된 것 같습니다.

캐글에서는 많은 분들이 자신의 과정을 공개해 주시는 경우가 많아서 참 고맙습니다.

그런 분들이 없으면 정말 기초적인 부분에서 막혀 아무것도 느끼지 못한 채 포기하게 될 것 같아요. 저도 오프라인 대회에서는 그랬던 경험이 있습니다.

오프라인 대회라고 하니, 굉장히 어려운 느낌이네요.

u++ 씨는 아직도 캐글을 할 때 공개 Notebook의 소스 코드를 활용하나요? 아니면 참고만 하고 모델을 처음부터 직접 만드시나요?

지금은 참고만 하고 코드는 처음부터 다시 작성하는 편입니다. 처음 캐글에 나갔을 때는 공개 Notebook의 소스 코드를 베껴서 입력했습니다.

확실히 여러 번 Competition에 나가서 소스 코드를 입력하다 보면 어떻게든 공부가 됩니다. u++ 씨는 여러 번 Competition에 나가면서 공부한 스타일이신가요?

네, 그렇습니다. 처음에는 공개 Notebook들에 많이 의존했습니다

코드를 처음부터 스스로 작성하려면 많은 경험이 필요합니다. 이 책을 통해서 조금이라도 나아갈 수 있게 된다면 기쁠 것 같습니다.

부록에서 샘플 코드와 관련된 자세한 설명을 하므로 다른 분들께 도움이 된다면 기쁘겠습니다.

2.3

탐색적 데이터 분석해 보기

2.1~2.2절에서는 주어진 데이터를 머신러닝 알고리즘에서 사용할 수 있는 형태로 변환하고, 학습하고, 예측했습니다. 지금부터는 이러한 흐름들을 조금씩 개선하면서 점수를 높이도록 하겠습니다.

개선할 수 있는 첫 번째 포인트는 특징량 엔지니어링입니다. 특히 2.2절에서 다룬 기존의 데이터를 기반으로 머신러닝 알고리즘이 예측할 때 유용하게 사용할 수 있는 특징량을 만드는 것입니다.

예측 성능에 유용한 새로운 특징량을 만들려면 가설 설정과 시각화를 반복해야 합니다. 이번 절에서는 가설과 시각화를 통해서 새로운 특징량을 만드는 방법을 정리해 보겠습니다(그림 2.14).

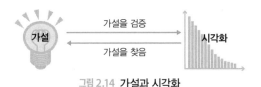

그림 2.14 **가설과 시각화**

- 예측 성능에 기여할 수 있는 가설을 세움
- 시각화를 실행(예측 성능에 기여를 할 수 있는 가성을 찾으려면 가설이 맞는지 검토가 필요하므로)

어떤 것을 먼저 실행할지는 사람이나 문제에 따라서 달라질 수 있습니다.

■ 상황1) 도메인 지식이 있는 경우
'도메인 지식'이란 관련된 분야, 업계 등과 관련된 지식을 의미합니다.

도메인 지식을 가진 덕분에 해당 분야의 자세한 내용을 어느 정도 알고 있다면, 처음부터 가설을 세워 보는 것이 좋습니다. 가설을 먼저 만들고, 시각화를 하고, 실제로 예측 성능에 영향을 주는지 확인합니다. 시각화 결과에 따라서 가설을 사용하거나, 가설을 다시 세워 봅니다.

■ **상황2) 도메인 지식이 없는 경우**

도메인 지식이 없는 경우, 일단 탐색적 데이터 분석을 해보고, 이를 기반으로 가설을 세워 보는 것이 좋습니다. 다양한 축으로 데이터를 나열하고, 예측 성능에 기여할 수 있는 가설을 세웁니다.

이번 절에서는 다음과 같은 과정으로 예측 성능을 개선할 수 있게 해주는 새로운 특징량을 찾기 위한 탐색적 데이터 분석(Exploratory Data Analysis, EDA)을 해보겠습니다.

1. Pandas Profiling으로 개요 확인하기
2. 각 특징량과 목적 변수(Survived)의 관계 확인하기

2.3.1   Pandas Profiling으로 개요 확인하기

일단 데이터의 개요를 대략적으로 파악합시다. 데이터의 개요를 알기 쉽게 출력해 주는 'Pandas Profiling'[21]이라는 패키지를 사용하겠습니다.

```
1: import pandas as pd
2: import pandas_profiling
3:
4:
5: train = pd.read_csv('../input/titanic/train.csv')
6: train.profile_report()
```

Pandas Profiling을 import하고, `pandas.DataFrame.profile_report()`를 하면 다음과 같은 여섯 가지 항목의 리포트를 출력해 줍니다.

* Overview
* Variables
* Interactions
* Correlations
* Missing Values
* Sample

이 중에서 개요를 파악할 수 있게 해주는 항목을 중심으로 더 깊이 살펴보겠습니다.

---

21 Pandas Profiling
  https://github.com/pandas-profiling/pandas-profiling (Accessed: 15 February 2021)

Overview

그림 2.15처럼 Dataset info에는 데이터의 행 수, 열 수, 자료형 등이 출력됩니다.

Number of variable이 12, Number of observations가 891로 되어 있는 것은 학습 전용 Dataset에 891명의 데이터가 들어 있고, 각각 12개의 열을 갖고 있다는 의미입니다.

Missing cells는 866으로, 866개의 결손값이 있다는 것을 알 수 있습니다.

Overview

Dataset info

Number of variables	12
Number of observations	891
Missing cells	866 (8.1%)
Duplicate rows	0 (0.0%)
Total size in memory	83.7 KiB
Average record size in memory	96.1 B

Variables types

Numeric	5
Categorical	5
Boolean	1
Date	0
URL	0
Text (Unique)	1
Rejected	0
Unsupported	0

그림 2.15 **Pandas Profiling의 실행 결과**

Variables types에는 각 열의 자료형 내역이 정리되어 있습니다. Titanic에 있는 12열의 자료형은 다음과 같습니다.

- Numeric: PassengerId, Age, SibSp, Parch, Fare
- Categorical: Pclass, Sex, Ticket, Cabin, Embarked
- Boolean: Survived
- Text: Name

Numeric은 15나 45와 같은 숫자를 나타내는 자료형입니다. 예를 들면 Age 등이 해당합니다. Categorical은 male과 female처럼 정해진 값을 갖는 자료형입니다. '카테고리 변수'라고도 부릅니다. Numeric은 '양적 변수', Categorical은 '질적 변수'라고 표현하기도 합니다.

Boolean은 참과 거짓을 갖는 자료형입니다. Titanic에서는 Survived가 해당됩니다. Titanic은 0과 1이라는 숫자가 저장되어 있습니다. 각각 거짓(0)과 참(1)에 대응됩니다.

Text는 문장이라는 의미로, Name에 해당합니다.

NOTE 카테고리 변수의 특징량 엔지니어링

머신러닝 알고리즘은 숫자 이외의 문자열 등을 입력으로 다루지 못하는 경우가 많습니다. 따라서 특징량 엔지니어링 단계에서 카테고리 변수를 적당한 숫자로 변경하는 처리가 필요합니다.
2.2절에서는 Sex에 해당하는 male과 female을 각각 0과 1로 변경했습니다.

```
1: data['Sex'].replace(['male', 'female'], [0, 1], inplace=True)
```

한 카테고리의 변수 값이 두 가지일 때는 이렇게 해도 크게 문제가 없습니다. 하지만 세 가지 이상이라면 주의해야 합니다.
예를 들어서 Embarked는 S를 0, C를 1, Q를 2로 변경했습니다. 이러한 처리는 머신러닝 알고리즘으로 로지스틱 회귀를 사용하는 경우에는 사실 적합하지 않습니다.
그 이유는 숫자로 변경하게 되면서, 원래는 존재하지 않던 관계성이 생겼기 때문입니다. 이렇게 단순하게 변경하게 되면 'C는 S와 Q 사이 위치한다'라는 잘못된 관계성을 학습할 가능성이 생깁니다.
그래서 세 가지 이상의 값을 갖는 카테고리 변수를 숫자로 변경할 때는 그림 2.16과 같은 방법이 사용됩니다.

Embarked		Embarked_S	Embarked_C	Embarked_Q
S	→	1	0	0
C		0	1	0
Q		0	0	1
C		0	1	0

그림 2.16 **One-Hot 인코딩 개요**

Embarked를 3개의 열로 전개하고, 각각의 열이 특정 값을 갖는지(0 또는 1)로 표현했습니다. 이렇게 변환하면 카테고리 변수가 서로 관계를 갖지 않도록 처리할 수 있습니다. 이를 'One-Hot 인코딩'이라고 부릅니다. 참고로 하나의 카테고리 변수가 여러 값을 갖는 경우, 열의 수가 너무 많아지지는 않았는지 주의해야 합니다.

2.5절에서 사용하는 'LightGBM' 등 일부 머신러닝 알고리즘은 카테고리 변수라고 지정만 하면 별도의 처리를 자동으로 해줍니다. 따라서 카테고리 변수를 숫자 상태로 그대로 입력해도 앞서 언급했던 문제가 따로 발생하지 않습니다.

이 책에서는 최종적으로 LightGBM을 머신러닝 알고리즘으로서 사용하므로 카테고리 변수를 One-Hot 인코딩으로 변경하는 처리는 따로 하지 않고 넘어가겠습니다.

Variables

Variables에는 각 특징량의 개요가 자료형에 맞는 형식으로 출력됩니다.

■ Survived

목적 변수인 Survived로 사망(0)과 생존(1)한 사람의 수와 비율을 알 수 있습니다(그림 2.17). 생존(1)의 비율이 38.4%이므로 학습 전용 Dataset 전체에서 생존율이 38.4%라는 의미입니다.

Survived
Boolean

Distinct count	2
Unique (%)	0.2%
Missing (%)	0.0%
Missing (n)	0

Toggle details

Value	Count	Frequency (%)	
0	549	61.6%	
1	342	38.4%	

그림 2.17 Survived 개요

■ Age

Age는 승객의 연령입니다(그림 2.18). Missing(결손값)이 177이라는 것은 연령 정보가 없는 데이터가 177개 있다는 의미입니다. Mean(평균 값)은 약 29.7, Minimum(최솟값)은 0.42, Maximum(최댓값)은 80이라는 것을 알 수 있습니다.

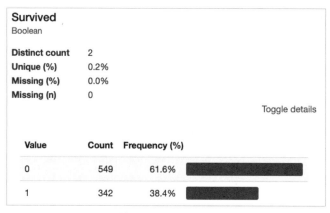

Age Numeric	Distinct count	89	Mean	29.69911765
	Unique (%)	10.0%	Minimum	0.42
	Missing (%)	19.9%	Maximum	80
	Missing (n)	177	Zeros (%)	0.0%
	Infinite (%)	0.0%		
	Infinite (n)	0		

그림 2.18 Age 개요

그림 2.19의 히스토그램을 보면 연령의 분포를 알 수 있습니다. 대충 20~30대 승객이 많아 보입니다. 가장 작은 빈(Bin, 데이터 구간)의 데이터를 보면 약 25명의 사람이 여기에 해당한다는 것을 알 수 있습니다.

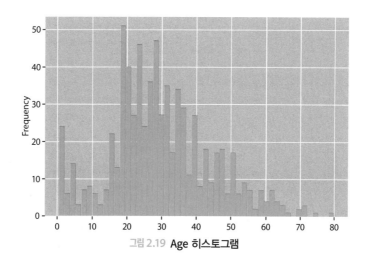

그림 2.19 Age 히스토그램

■ SibSp

SipSp는 동승한 형제/자매, 배우자 인원 수를 의미합니다(그림 2.20). Common values를 보면 알 수 있는 것처럼, 값(value)별로 인원 수와 비율을 알 수 있습니다. 0이 68.2%, 1이 23.5%이며, 2 이상은 적다는 것을 알 수 있습니다.

SibSp				
Numeric	Distinct count	7	Mean	0.5230078563
			Minimum	0
	Unique (%)	0.8%	Maximum	8
	Missing (%)	0.0%	Zeros (%)	68.2%
	Missing (n)	0		
	Infinite (%)	0.0%		
	Infinite (n)	0		

Toggle details

Statistics　Histogram　Common values　Extreme values

Value	Count	Frequency (%)	
0	608	68.2%	████████████
1	209	23.5%	████
2	28	3.1%	▌
4	18	2.0%	▌
3	16	1.8%	▌
8	7	0.8%	│
5	5	0.6%	│

그림 2.20 SibSp 개요

▪ Parch

Parch는 동승한 부모와 아이의 인원 수를 의미합니다(그림 2.21). 구성비는 0이 76.1%, 1이 13.2%, 2가 9.0%이며, 3 이상은 적다는 것을 알 수 있습니다.

Parch Numeric					
	Distinct count	7	Mean	0.3815937149	
	Unique (%)	0.8%	Minimum	0	
	Missing (%)	0.0%	Maximum	6	
	Missing (n)	0	Zeros (%)	76.1%	
	Infinite (%)	0.0%			
	Infinite (n)	0			

Toggle details

Statistics　Histogram　**Common values**　Extreme values

Value	Count	Frequency (%)	
0	678	76.1%	
1	118	13.2%	
2	80	9.0%	
5	5	0.6%	
3	5	0.6%	
4	4	0.4%	
6	1	0.1%	

그림 2.21 **Parch 개요**

▪ Fare

Fare는 운임을 의미합니다. 그림 2.22의 히스토그램을 보면 적은 운임이 많다는 것을 알 수 있습니다.

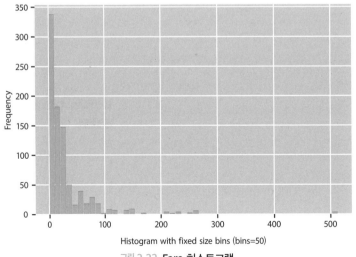

Histogram with fixed size bins (bins=50)

그림 2.22 **Fare 히스토그램**

■ Pclass

Pclass는 티켓의 클래스(등급)를 의미합니다(그림 2.23). 3개의 티켓 클래스가 있으며, 구성비는 1이 24.2%, 2가 20.7%, 3이 55.1%라는 것을 알 수 있습니다.

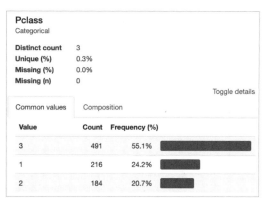

그림 2.23 Pclass 개요

■ Sex

Sex는 성별입니다(그림 2.24). 구성비는 남성(male)이 64.8%, 여성(female)이 35.2%라는 것을 알 수 있습니다.

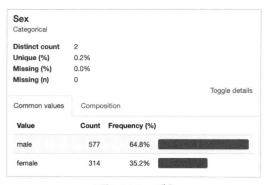

그림 2.24 Sex 개요

■ Ticket

Ticket은 티켓 번호입니다(그림 2.25). Distinct count로 681가지 종류의 티켓 번호가 있다는 것을 확인할 수 있습니다. '347082', '1601', 'CA.2343' 등의 값은 중복된다는 것도 알 수 있습니다.

Ticket Categorical	Distinct count	681	347082	7
	Unique (%)	76.4%	1601	7
	Missing (%)	0.0%	CA. 2343	7
	Missing (n)	0	Other values (678)	870

그림 2.25 Ticket 개요

▪ Cabin

Cabin은 객실 번호입니다(그림 2.26). Distinct count로 148가지 종류의 객실 번호가 있다는 것을 확인할 수 있으며, 결손값이 687(77.1%)라는 것을 확인할 수 있습니다. 'B96 B98', 'C23 C25 C27', 'G6' 등의 값은 중복된다는 것을 알 수 있습니다.

Cabin Categorical	Distinct count	148	B96 B98	4
	Unique (%)	16.6%	C23 C25 C27	4
	Missing (%)	77.1%	G6	4
	Missing (n)	687	Other values (144)	192
			(Missing)	687

그림 2.26 Cabin 개요

▪ Embarked

Embarked는 승선한 항구입니다(그림 2.27). Missing이 2이므로 결손값이 2개 있다는 것입니다. 이를 제외하면 승선한 항구는 세 곳이며, 구성비는 S가 72.3%, C가 18.9%, Q가 8.6%라는 것을 알 수 있습니다.

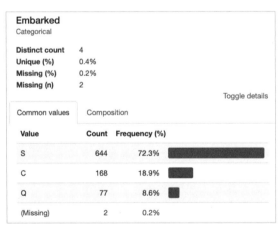

Embarked
Categorical

Distinct count	4
Unique (%)	0.4%
Missing (%)	0.2%
Missing (n)	2

Toggle details

Common values   Composition

Value	Count	Frequency (%)	
S	644	72.3%	
C	168	18.9%	
Q	77	8.6%	
(Missing)	2	0.2%	

그림 2.27 Embarked 개요

▪ Name

Name은 승선자의 이름입니다(그림 2.28). Mr.와 Mrs. 등이 포함된 것을 알 수 있습니다.

Name	First 5 values	Last 5 values
Categorical, Unique	Abbing, Mr. Anthony	de Mulder, Mr. Theodore
	Abbott, Mr. Rossmore Edward	de Pelsmaeker, Mr. Alfons
	Abbott, Mrs. Stanton (Rosa Hunt)	del Carlo, Mr. Sebastiano
	Abelson, Mr. Samuel	van Billiard, Mr. Austin Blyler
	Abelson, Mrs. Samuel (Hannah Wizosky)	van Melkebeke, Mr. Philemon

그림 2.28 **Name 개요**

2.3.2 특징량과 목적 변수의 관계 확인하기

이번 절에서는 Pandas Profiling을 사용해서 특징량별로 개요를 확인하겠습니다. 이번 절에서는 특징량별로 목적 변수인 Survived(사망(0), 생존(1))과의 관계를 확인합니다. 예측 성능에 기여할 가능성이 있는 가설을 찾아봅시다.

Age와 목적 변수와의 관계

```
1: plt.hist(train.loc[train['Survived'] == 0, 'Age'].dropna(),
2:         bins=30, alpha=0.5, label='0')
3: plt.hist(train.loc[train['Survived'] == 1, 'Age'].dropna(),
4:         bins=30, alpha=0.5, label='1')
5: plt.xlabel('Age')
6: plt.ylabel('count')
7: plt.legend(title='Survived')
```

목적 변수별로 그림 2.29와 같은 연령 히스토그램을 그려 보면 연령별 생존율을 알 수 있습니다. 어린 사람과 나이가 많은 사람은 생존율이 높고, 20대와 30대는 생존률이 낮다는 것을 알 수 있습니다.

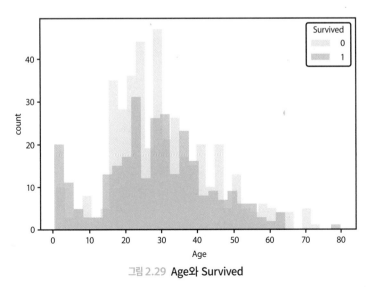

그림 2.29 **Age와 Survived**

SibSp와 목적 변수와의 관계

```
1: sns.countplot(x='SibSp', hue='Survived', data=train)
2: plt.legend(loc='upper right', title='Survived')
```

목적 변수를 SibSp별로 집계하면 SibSp가 0인 데이터와 3 이상인 데이터는 생존률이 낮다는 것을 알 수 있습니다(그림 2.30).

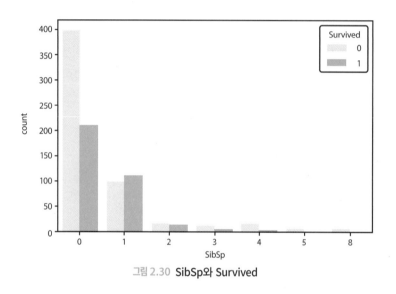

그림 2.30 **SibSp와 Survived**

Parch와 목적 변수의 관계

```
1: sns.countplot(x='Parch', hue='Survived', data=train)
2: plt.legend(loc='upper right', title='Survived')
```

목적 변수를 Parch별로 집계하면 Parch가 0인 데이터와 4 이상인 데이터는 생존율이 낮다는 것을 알 수 있습니다(그림 2.31).

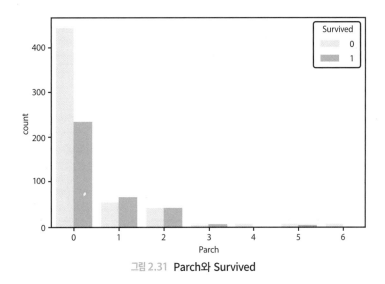

그림 2.31 **Parch와 Survived**

이번 절에서는 Parch와 SibSp를 생각해 봅시다. 두 가지 모두 승선한 가족 인원 수와 관계있는 특징량입니다. 사람 수가 늘수록 생존량이 낮아진다는 공통점을 가졌습니다. 따라서 '둘을 합한 '가족 사람 수'라는 특징량을 새로 만들면 예측 성능을 높일 수도 있다'라는 가설을 얻을 수 있습니다.

이 가설에 대해서는 2.4절에서 자세하게 검증해 보겠습니다.

Fare와 목적 변수와의 관계

```
1: plt.hist(train.loc[train['Survived'] == 0, 'Fare'].dropna(),
2:          range=(0, 250), bins=25, alpha=0.5, label='0')
3: plt.hist(train.loc[train['Survived'] == 1, 'Fare'].dropna(),
4:          range=(0, 250), bins=25, alpha=0.5, label='1')
5: plt.xlabel('Fare')
6: plt.ylabel('count')
7: plt.legend(title='Survived')
8: plt.xlim(-5, 250)
```

목적 변수별로 그림 2.32와 같은 운임에 따른 히스토그램을 그리면 운임별 생존율을 알 수 있습니다. 운임이 30 이하인 승객은 생존율이 낮고, 그중에서도 10 이하인 승객 생존율이 더 낮다는 것을 알 수 있습니다.

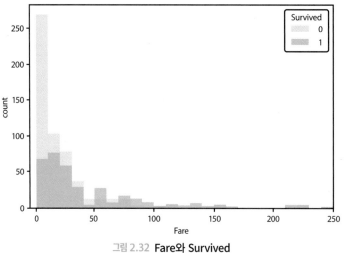

그림 2.32 **Fare와 Survived**

Pclass와 목적 변수와의 관계

```
1: sns.countplot(x='Pclass', hue='Survived', data=train)
```

목적 변수를 Pclass별로 집계하면 Pclass가 1에서 3으로 늘어날수록, 생존율도 낮아지는 것을 알 수 있습니다(그림 2.33).

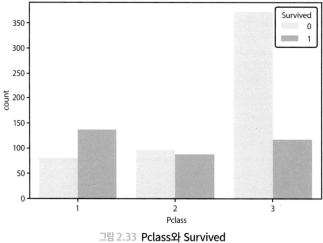

그림 2.33 **Pclass와 Survived**

Sex와 목적 변수의 관계

```
1: sns.countplot(x='Sex', hue='Survived', data=train)
```

목적 변수를 성별로 집계하면 남성은 생존율이 낮고, 여성은 생존율이 높습니다. 성별에 따라서 생존율이 크게 차이 난다는 것을 알 수 있습니다(그림 2.34). 따라서 Sex는 굉장히 중요한 특징량입니다.

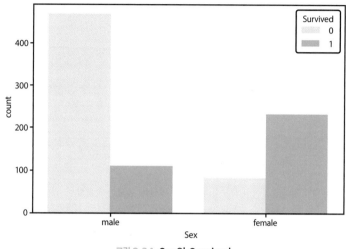

그림 2.34 **Sex와 Survived**

Embarked와 목적 변수와의 관계

```
1: sns.countplot(x='Embarked', hue='Survived', data=train)
```

목적 변수를 Embarked별로 집계하면 S와 Q는 생존율이 낮고, C는 생존율이 높다는 것을 알 수 있습니다(그림 2.35).

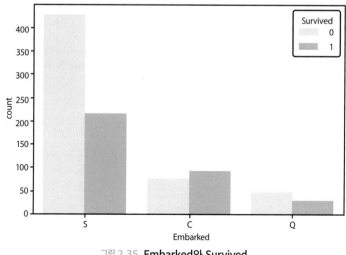

그림 2.35 **Embarked와 Survived**

이번 절에서는 탐색적 데이터 분석으로 데이터의 개요를 확인해서, 특징량들과 목적 변수의 관계를 확인했습니다. 구체적인 예로 시각화를 통해 'Parch와 SibSp 모두를 더한 '가족 인원 수'라는 특징량을 새로 만들어서, 예측 성능을 높일 수도 있다'라는 가설을 만들었습니다.

이 가설은 이 책에서 설명하기 위한 전용 예입니다. 시각화를 통해서 더 많은 가설을 찾아내는 분도 있을 것입니다.

설명한 탐색적 데이터 분석 방법은 일부이며, Notebooks에서는 다른 탐색적 데이터 분석 결과가 공개되어 있습니다. 반드시 다양한 탐색적 데이터 분석 과정을 공부해 보기 바랍니다.

■ 저자들의 이야기 ④ — 탐색적 데이터 분석의 중요성

탐색적 데이터 분석이 중요하다는 것도 캐글을 통해서 학습할 수 있는 것 중 하나입니다. 저도 머신러닝을 처음 공부할 때는 알고리즘과 모델링 부분만 집중적으로 공부했지만, 최근에는 탐색적 데이터 분석이 얼마나 중요한지 계속 느끼고 있습니다. 단순하게 머신러닝 모델을 파고드는 것은 누구나 할 수 있으므로 다른 사람들과 차별화하려면 탐색적 데이터 분석이 반드시 필요합니다.

전처리와 데이터 모델링을 자동적으로 해주는 기술이 굉장히 많이 발전해서, 최근에는 데이터를 넣기만 해도 어느 정도 제대로 된 모델을 자동적으로 만들어 주기도 하며, 일반적으로는 성능도 나쁘지 않게 나옵니다. 하지만 이러한 기술도 여러 테이블이 있거나, 열 사이에 복잡한 관계가 있는 경우 등에는 성능이 제대로 나오지 않습니다. 따라서 캐글러로서 탐색적 데이터 분석과 모델링을 잘 해야 남보다 앞서갈 수 있습니다.

최근 테이블 데이터 Competition에서는 데이터를 잘 보는 것에 대한 중요성이 점점 많아지는 느낌입니다. 데이터 사이언스 패키지와 기술 등이 많이 보급되어서, 일반적인 회귀와 분류 문제는 기업이 스스로 처리할 수 있게 된 것 같습니다. 그래서 캐글의 테이블 데이터 Competition은 Dataset와 과제 설정에 굉장히 많은 비중이 맞춰지고 있습니다. 예를 들어 2019년에 개최되었던 'LANL Earthquake Prediction'[22], 'Santander Customer Transaction Prediction'[23], 'IEEE-CIS Fraud Detection'[24]이 대표적인 예입니다. 모두 데이터를 잘 관찰해서 적절한 처리를 미리 했던 팀들이 상위권을 차지했습니다.

---

22 LANL Earthquake Prediction
   https://www.kaggle.com/c/LANL-Earthquake-Prediction (Accessed: 15 February 2021)
23 Santander Customer Transaction Prediction
   https://www.kaggle.com/c/santander-customer-transaction-prediction (Accessed: 15 February 2021)
24 IEEE-CIS Fraud Detection
   https://www.kaggle.com/c/ieee-fraud-detection (Accessed: 15 February 2021)

일반적인 테이블 데이터 Competition은 점점 줄어드는 느낌이 있습니다. 탐색적 데이터 분석으로 문제를 어떻게 풀지 미리 생각해 보는 것의 중요성이 점점 높아진 것 같습니다.

개인적으로는 탐색적 데이터 분석은 두 가지 패턴으로 진행된다고 생각합니다. 첫 번째는 일단 데이터를 파악하는 것, 두 번째는 이러한 데이터를 기반으로 가설을 찾는 것입니다.

그렇게 정리해 보면 알기 쉽네요. Pandas Profiling으로 했던 부분이 데이터를 파악하는 것이라고 할 수 있겠네요. Pandas Profiling을 사용하고, 다른 사람의 Notebook을 몇 번 읽으면서 직접 따라해 보면 금방 할 수 있게 되는 것 같습니다.
그리고 가설을 찾는 부분이 사실 탐색적 분석에서 시간이 가장 많이 걸리는 부분이라고 할 수 있습니다. 다른 사람보다 조금이라도 더 좋은 발상을 얻으려면 탐색적 분석을 여러 번 해봐야 합니다.
사실 가설을 세우는 것은 굉장히 힘든 일입니다. 일반적으로 많은 캐글러들이 다양한 Competition에 참가해 보면 직접 몸으로 익히고 있는 것 같습니다.

그렇죠. 굉장히 어려운 문제입니다. 여러 번 익히면서 스스로 잘 소화해내는 방법밖에 없는 것 같습니다. 완전히 같은 문제가 나오지는 않지만, 유사한 Competition을 많이 접해 보면 좋을 것이라 생각합니다. 예를 들어서 'IEEE-CIS Fraud Detection'[25]에서는 솔로로 금메달을 받은 캐글 Master인 nejumi 씨의 경우, 'Home Credit Default Risk'[26]에서의 경험이 큰 도움이 되었다고 말했습니다.

Competition에 계속 참가하다 보면 어떤 Competition에 적합한 방법 등을 배울 수 있게 됩니다. 여러 Notebook을 읽어 보는 것도 정말 재미있는 일입니다.

카레 씨가 하고 있는 캐글 수업에서도 탐색적 데이터 분석을 하고 있는 것으로 아는데, 수강생들의 반응이 어떤가요?

Pandas Profiling은 굉장히 좋은 반응을 얻고 있습니다. 초보자는 물론이고, 실무에서 데이터 분석을 하는 분들에게도 반응이 굉장히 좋습니다.
자동으로 머신러닝 모델을 만드는 것이나, Pandas Profiling처럼 정해진 형식으로 데이터를 정리해 주는 기술은 앞으로도 발전할 것입니다. 따라서 u++ 씨의 말처럼 이러한 것 이외의 부분이 남들과 차별화될 수 있는 부분일 겁니다. 탐색적 데이터 분석은 단순한 시각화 기술이 아니라, 종합적으로 데이터를 판단할 수 있는 능력이 필요하므로 다양한 분야를 폭넓게 알아 둘수록 좋은 것 같습니다.

25 IEEE-CIS Fraud Detection
    https://www.kaggle.com/c/ieee-fraud-detection (Accessed: 15 February 2021)
26 Home Credit Default Risk
    https://www.kaggle.com/c/home-credit-default-risk (Accessed: 15 February 2021)

2.4

가설을 기반으로 새로운 특징량 만들기

2.4~2.8절에서는 기존의 Notebook에 내용을 추가하면서, 점수를 조금씩 높이는 방법을 알아보겠습니다. 이번 절에서 다루는 방법은 메달을 획득할 수 있는 Competition 등에서도 어느 정도 범용적으로 사용할 수 있는 방법입니다. '이런 방법으로 점수를 올릴 수 있구나'를 알면 다른 Competition에 참가할 때 길잡이가 될 수 있을 것입니다.

일단 특징량과 관련해서 빼놓을 수 없는 '재현성'과 관련된 이야기부터 시작해 봅시다.

2.4.1 재현성

'재현성이 있다'라는 것은 여러 번 실행해도 같은 결과가 나온다는 것입니다. 하지만 캐글에서 '재현성이 있다'라는 표현은 여러 번 실행했을 때 비슷한 점수가 나온다는 것을 의미합니다.

재현성이 없으면 실행할 때마다 다른 점수가 나와버립니다. 특징량 엔지니어링 등으로 점수를 향상시켜도, 예측 모델이 실제로 개선된 것인지 제대로 알 수 없는 문제가 발생합니다.

실제로 2.2절의 Notebook에는 재현성이 없습니다. 이는 Age라는 특징량의 결손값을 제대로 메꾸지 못했기 때문입니다. 현재 평균과 표준 편차를 고려해서 랜덤한 값으로 Age를 메꾸는데, 이러한 랜덤한 값은 실행할 때마다 값이 바뀝니다.

```
1: age_avg = data['Age'].mean()
2: age_std = data['Age'].std()
3:
4: data['Age'].fillna(np.random.randint(age_avg - age_std, age_avg + age_std), inplace=True)
```

재현성을 보장하려면 다음과 같은 방법을 생각해 볼 수 있습니다.

1. 랜덤한 값을 사용하는 부분을 제거
2. 랜덤한 값에 seed를 지정해서, 랜덤한 숫자를 고정

사실 Age는 랜덤한 값을 사용하는 것보다, 다른 값들을 기반으로 중앙값을 찾아서 보완하는 것이 더 좋을 것 같습니다. 따라서 중앙값으로 메꾸도록 코드를 변경하겠습니다.

```
1: data['Age'].fillna(data['Age'].median(), inplace=True)
```

머신러닝 알고리즘 대부분은 랜덤한 값을 사용하므로 재현성을 보장하기 위해서 seed를 고정하는 것이 좋습니다. 2.2절을 다시 생각해 봅시다. 로지스틱 회귀 머신러닝 알고리즘의 하이퍼파라미터로 random_state=0을 주었는데, 이것이 바로 seed를 고정하는 것입니다.

```
1: clf = LogisticRegression(penalty='l2', solver='sag', random_state=0)
```

캐글을 진행할 때는 반드시 재현성이 있는지 계속해서 확인하기 바랍니다. GPU를 사용하는 경우에는 재현성을 확보하기 힘들어지는 경우도 있으므로 주의하세요. seed를 고정해서 비교하는 것도 어디까지나 조건 하의 결과입니다. seed를 변경하면 또 다른 결과가 나올 수 있습니다.

캐글에서는 다음과 같이 모든 랜덤한 값의 seed를 고정하는 함수를 사용하기도 합니다[27].

```
1: def seed_everything(seed=1234):
2:     random.seed(seed)
3:     os.environ['PYTHONHASHSEED'] = str(seed)
4:     np.random.seed(seed)
5:     torch.manual_seed(seed)
6:     torch.cuda.manual_seed(seed)
7:     torch.backends.cudnn.deterministic = True
```

2.4.2 가설을 기반으로 새로운 특징량 만들기

이번 절에서는 실제로 새로운 특징량을 만들어 봅시다. 2.3절에서 탐색적 데이터 분석한 결과, Parch와 SipSp가 일정한 값을 넘으면 생존률이 낮아졌습니다. 따라서 Parch와 SibSp를 더해서 '가족 수'라는 특징량을 만들고, '예측 성능에 기여할 가능성이 있다'라는 가설이 맞는지 더 살펴봅시다.

일단 이 가설의 검토를 위해 시각화하겠습니다. 'FamilySize'라는 새로운 열을 만들고, 크기별로 생존했는지를 그림 2.36처럼 막대 그래프로 나타냅니다.

---

27 Deterministic neural networks using PyTorch

  https://www.kaggle.com/bminixhofer/deterministic-neural-networks-using-pytorch (Accessed: 30 November 2019)

- Survived == 0: 사망
- Survived == 1: 생존

```
1: import seaborn as sns
2:
3:
4: data['FamilySize'] = data['Parch'] + data['SibSp'] + 1
5: train['FamilySize'] = data['FamilySize'][:len(train)]
6: test['FamilySize'] = data['FamilySize'][len(train):]
7: sns.countplot(x='FamilySize', data=train, hue='Survived')
```

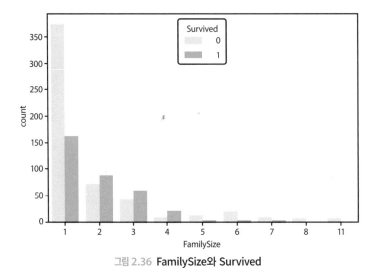

그림 2.36 **FamilySize와 Survived**

FamilySize >= 5인 경우, 사망이 생존을 확실하게 넘으므로 생존율이 낮아진다는 것을 알 수 있습니다. 따라서 갖고 있던 가설이 시각화를 통해서 'FamilySize >= 5라면 생존율이 낮아지므로 이를 특징량의 예측 성능에 활용할 수 있다'는 더 정확한 가설로 바뀌었습니다.

이번 예제의 'FamilySize'처럼 가설을 기반으로 다양한 집계와 시각화를 해보면 해당 가설이 실제로 예측 성능에 영향을 줄 수 있는 것인지 확인할 수 있습니다. 이는 일반적이면서도 좋은 접근 방법이라고 할 수 있습니다.

이번 시각화를 통해서 'FamilySize == 1'인 사람이 압도적으로 많고, 생존율이 낮다는 것도 알 수 있습니다.

이러한 'FamilySize == 1'도 예측 성능에 영향을 줄 수 있는 특징량이므로 다음과 같이 IsAlone이라는 새로운 특징량을 만들어 보았습니다.

```
1: data['IsAlone'] = 0
2: data.loc[data['FamilySize'] == 1, 'IsAlone'] = 1
3:
4: train['IsAlone'] = data['IsAlone'][:len(train)]
5: test['IsAlone'] = data['IsAlone'][len(train):]
```

이렇게 가설과 시각화를 반복해 보면 기존의 데이터에서 머신러닝 알고리즘의 예측에 활용할
수 있는 새로운 특징량을 찾아낼 수 있습니다.

새로 만든 특징량이 실제로 유용한지 판단하려면 다음과 같은 네 가지 패턴으로 학습한 결과
를 submit해 보는 방법이 있습니다. submit한 때의 점수를 기반으로, 특징량이 어느 정도로
유용한지 확인할 수 있습니다.

- 'FamilySize'와 'IsAlone'을 추가한 경우
- 'FamilySize'만 추가한 경우
- 'IsAlone'만 추가한 경우
- 'FamilySize'와 'IsAlone'을 모두 추가하지 않은 경우

어느 정도로 유용한지에서 '어느 정도'와 관련된 내용은 2.7절에서 더 자세하게 다루어 보도록
하겠습니다.

■ **저자들의 이야기 ⑤ — 특징량 엔지니어링이 승패를 결정**

특징량 엔지니어링이 승패를 결정하는 갈림길인 것 같습니다.

그렇습니다. Competition의 특성을 이해하고, 예측에 영향을 주는 특징량을 만들 수 있는
지가 핵심이라고 생각합니다.

저는 특징량 엔지니어링을 그냥 캐글을 독학으로 진행하면서 배웠습니다. u++ 씨는 어떻게 공
부했나요?

과거의 공개 Notebook을 읽거나, 온라인에 있는 여러 자료들을 읽었습니다.

저도 오프라인 이벤트의 발표 자료 등을 읽으면서 많이 참고했습니다. 최근에는 온라인에도
글이 굉장히 많아서, 이를 기반으로 대충 느낌을 파악하고 나면 Notebooks와 Discussion
을 보았을 때 훨씬 쉽게 파악할 수 있는 것 같습니다.

출판되어 있는 여러 책들도 참고했습니다.

 오랜 시간 동안 인기가 꾸준한 책들이 있는 것 같아요. u++ 씨가 읽은 책을 저도 읽었던 것 같습니다.

 특징량 엔지니어링은 도메인 지식이 있으면 좋은 경우가 많습니다. 캐글 Grandmaster인 ONODERA 씨는 솔로 2위로 입상했던 'Instacart Market Basket Analysis'[28]을 진행할 때, 실제로 주문 프로그램을 대충 만든 후, 직접 사용해 보았다고 합니다. 이처럼 실제로 데 이터를 사용하는 사람들의 마음을 이해하는 것이 굉장히 중요한 것 같습니다. 'PLAsTiCC Astronomical Classification'[29]도 1위를 했던 분은 실제로 초신성 폭발의 연구자였다고 합 니다.

 저도 'PLAsTiCC Astronomical Classification'에 참가할 때는 여러 천문학 책을 읽었습니 다. 책을 읽음으로써 생각하지 못했던 특징량 정보를 얻을 수 있었으며, 특징량을 실제로 만 들자 점수가 현격하게 올랐습니다. 도메인 지식이 얼마나 중요한지 이해할 수 있었던 공모전 이었습니다.

 저는 'PetFinder.my Adoption Prediction'[30]에서 사이트 계정을 만들었습니다. 그리고 기 분 전환 등을 위해서 고양이 카페에도 갔었습니다(웃음). 특별하게 예측에 도움이 되는 특징 량을 찾지는 못했지만, 사진이 나름 중요하고, 쉽게 부를 수 있는 이름이라는 것이 중요하다 는 등의 여러 가지 힌트를 얻었습니다.

28 Instacart Market Basket Analysis
   https://www.kaggle.com/c/instacart-market-basket-analysis (Accessed: 15 February 2021)
29 PLAsTiCC Astronomical Classification
   https://www.kaggle.com/c/PLAsTiCC-2018 (Accessed: 15 February 2021)
30 PetFinder.my Adoption Prediction
   https://www.kaggle.com/c/petfinder-adoption-prediction (Accessed: 15 February 2021)

2.5

다양한 머신러닝 알고리즘
사용해 보기

지금까지는 머신러닝 알고리즘으로 로지스틱 회귀를 사용해 보았습니다.

이번 절에서는 다양한 머신러닝 알고리즘을 사용해 봅시다. 지금까지 로지스틱 회귀를 사용하던 부분을 변경해서 학습하고 예측하기만 하면 됩니다.

로지스틱 회귀 구현에 사용한 sklearn이라는 패키지는 입출력 인터페이스를 모두 통일하고 있으므로 다른 머신러닝 알고리즘으로 간단하게 변경할 수 있습니다.

최근 캐글 Competition의 상위권에서 사용되고 있는 머신러닝 알고리즘으로는 '경사 부스팅 (Gradient Boosting)', '뉴럴 네트워크(Neural Network, NN)' 등이 있습니다. 이러한 머신러닝 알고리즘은 로지스틱 회귀와 비교해서 표현력이 높으며, 좋은 성능으로 예측할 수 있습니다.

상위권에서 많이 사용하는 경사 부스팅 패키지로 'LightGBM'이 있습니다. 이 패키지도 함께 사용해 보겠습니다. 'LightGBM'은 sklearn과 같은 인터페이스를 제공하지만, 이번 절에서는 'Python-package Introduction'이라는 페이지[31]에 적혀 있는 메모리 효율이 좋은 방법을 구현하겠습니다.

2.5.1 sklearn

일단 sklearn만으로 머신러닝 알고리즘을 변경해 봅시다. 지금까지는 로지스틱 회귀를 사용했습니다.

```
1: from sklearn.linear_model import LogisticRegression
2:
3:
4: clf = LogisticRegression(penalty='l2', solver='sag', random_state=0)
```

---

31 Python-package Introduction
    https://lightgbm.readthedocs.io/en/latest/Python-Intro.html (Accessed: 15 February 2021)

sklearn에서는 clf라고 선언된 모델을 변경하기만 하면 머신러닝 알고리즘이 바뀝니다. 예를 들어, '랜덤 포레스트[32]'라고 부르는 머신러닝 알고리즘을 사용해 봅시다.

```
1: from sklearn.ensemble import RandomForestClassifier
2:
3:
4: clf = RandomForestClassifier(n_estimators=100, max_depth=2, random_state=0)
```

이렇게만 하면 로지스틱 회귀와 마찬가지로 학습, 예측할 수 있습니다.

```
1: clf.fit(X_train, y_train)
2: y_pred = clf.predict(X_test)
```

랜덤 포레스트로 예측한 결과를 submit해 보면 저자의 환경에서는 0.77990이 나옵니다. 로지스틱 회귀 때보다 좋은 점수가 나왔습니다(그림 2.37).

그림 2.37 **랜덤 포레스트의 예측 결과**

sklearn에는 굉장히 많은 종류의 머신러닝 알고리즘이 구현되어 있습니다. 'Supervised learning(지도 학습)[33]'이라는 공식 문서를 보면, 사용할 수 있는 머신러닝 알고리즘들이 정리되어 있습니다. 여러 가지를 사용해 보기 바랍니다.

2.5.2 LightGBM

이어서 LightGBM을 사용해 보겠습니다. sklearn과 달리 다음과 같은 조건이 있습니다.

1. 학습 전용과 테스트 전용 Dataset를 분할해야 합니다.

---

32 sklearn.ensemble.RandomForestClassifier
    https://scikit-learn.org/stable/modules/generated/sklearn.ensemble.RandomForestClassifier.html (Accessed: 15 February 2021)
33 Supervised learning
    https://scikit-learn.org/stable/supervised_learning.html (Accessed: 15 February 2021)

2. 카테고리 변수를 리스트 형식으로 선언해야 합니다.

학습 전용, 테스트 전용 Dataset를 분할하기

LightGBM은 '결정 트리'를 기반으로 하는 머신러닝 알고리즘입니다.

결정 트리는 굉장히 단순한 머신러닝 알고리즘으로, 그림 2.38처럼 하나의 특징량에 하나의 역치를 결정하고, 여러 조건들을 차례로 타고 내려가면서 예측값을 결정하는 방법입니다. 학습 전용 Dataset를 기반으로 하며, 어떤 특징량에 어떤 역치를 설정해야 하는지 학습합니다.

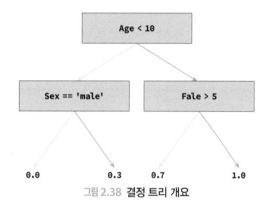

그림 2.38 **결정 트리 개요**

LightGBM은 경사 부스팅이라고 부르는 방법으로, 여러 개의 결정 트리를 만들어서 학습합니다. 구체적으로 정리해 보면 그림 2.39처럼 어떤 시점에서 만든 결정 트리의 예측 결과를 확인하고, 오차가 큰 데이터를 제대로 예측할 수 없다면 계속해서 여러 결정 트리를 만듭니다. 최종적인 예측값은 학습 과정에서 만든 모든 결정 트리의 예측값을 사용해서 계산합니다.

그림 2.39 **경사 부스팅 개요**

학습을 차례로 반복하므로 높은 예측 성능을 깃습니다. 디만 학습에 사용한 Dataset에만 과하게 적합해져서, 원래 목적인 미지의 값을 예측하는 성능이 떨어지는 '과적합(overfitting)'에 빠질 가능성도 있습니다. 따라서 성능을 확인할 때는 학습에 사용하지 않은 테스트 Dataset를 사용해서 테스트하는 'early stopping'을 함께 활용하게 됩니다.

이번에는 X_train을 X_train(학습 전용)과 X_valid(테스트 전용)으로 분할해 봅시다.

```
1: from sklearn.model_selection import train_test_split
2:
3:
4: X_train, X_valid, y_train, y_valid = \
5:     train_test_split(X_train, y_train, test_size=0.3,
6:                      random_state=0, stratify=y_train)
```

카테고리 변수를 리스트 형식으로 선언하기

LightGBM은 카테고리 변수에 특별한 처리를 자동으로 실행해 줍니다. 다음과 같이 어떤 카테고리 변수를 다루고 싶은지 LightGBM에 명시적으로 알려주기만 하면 됩니다.

```
1: categorical_features = ['Embarked', 'Pclass', 'Sex']
```

사전 준비가 끝났으므로 LightGBM으로 학습과 예측을 실시해 봅시다.

lightgbm.train()에 num_boost_round(학습 실행 횟수 최댓값)을 1000으로 설정했습니다. early_stopping_rounds는 early_stopping의 판정 기준입니다. 여기에서는 10으로 실정했는데, 연속해서 10회 학습해도 테스트 전용 Dataset에 대한 성능이 개선되지 않는 경우에는 학습을 중지합니다.

```
 1: import lightgbm as lgb
 2:
 3:
 4: lgb_train = lgb.Dataset(X_train, y_train,
 5:                         categorical_feature=categorical_features)
 6: lgb_eval = lgb.Dataset(X_valid, y_valid, reference=lgb_train,
 7:                         categorical_feature=categorical_features)
 8:
 9: params = {
10:     'objective': 'binary'
11: }
12:
13: model = lgb.train(params, lgb_train,
14:                   valid_sets=[lgb_train, lgb_eval],
15:                   verbose_eval=10,
16:                   num_boost_round=1000,
17:                   early_stopping_rounds=10)
18:
19: y_pred = model.predict(X_test, num_iteration=model.best_iteration)
```

실행하면 다음과 같이 학습이 진행됩니다.

```
Training until validation scores don't improve for 10 rounds.
[10]    training's binary_logloss: 0.425241    valid_1's binary_logloss: 0.478975
[20]    training's binary_logloss: 0.344972    valid_1's binary_logloss: 0.444039
[30]    training's binary_logloss: 0.301357    valid_1's binary_logloss: 0.436304
[40]    training's binary_logloss: 0.265535    valid_1's binary_logloss: 0.438139
Early stopping, best iteration is:
[38]    training's binary_logloss: 0.271328       valid_1's binary_logloss: 0.435633
```

실행 결과를 보면 39회 학습 이후, 10번 학습을 더 해도 성능이 크게 개선되지 않습니다. 따라서 38번째에 학습을 마치게 됩니다.

```
1: y_pred[:10]
```

```
array([0.0320592 , 0.34308916, 0.09903007, 0.05723199, 0.39919906,
       0.22299318, 0.55036246, 0.0908458 , 0.78109016, 0.01881392])
```

현재의 LightGBM 설정으로는 출력 결과가 0~1 사이의 값이 됩니다. 이번에는 역치를 주어서 0.5보다 큰 경우에는 1이라고 예측하게 하고 submit하겠습니다.

```
1: y_pred = (y_pred > 0.5).astype(int)
2: y_pred[:10]
```

```
array([0, 0, 0, 0, 0, 0, 1, 0, 1, 0])
```

LightGBM의 예측 결과를 submit해 보면 저자의 환경에서는 0.75598이라는 점수가 나옵니다 (그림 2.40). 랜덤 포레스트와 마찬가지로 로지스틱 회귀 때의 점수보다 높은 점수가 나오는 것을 볼 수 있습니다. 이처럼 사용하는 머신러닝 알고리즘을 변경하는 것만으로도 캐글 점수를 높일 수 있습니다.

그림 2.40 LightGBM으로 예측한 결과

경사 부스팅 계열로 이번에 소개한 LightGBM 이외에도 오랫동안 인기를 얻고 있는 'XGBoost (엑스지부스트)'[34], 주류는 아니지만 어느 정도 사용되는 'CatBoost(캣부스트)'[35] 등이 있습니다. 'PyTorch(파이토치)'[36], 'TensorFlow(텐서플로)'[37] 등의 패키지를 사용해서 뉴럴 네트워크를 구현하는 경우도 있습니다.

■ 저자들의 이야기 ⑥ — 머신러닝 알고리즘 선택 방법

최근 캐글 테이블 데이터 Competition에서는 기본적으로 LightGBM을 사용하는 느낌이 있습니다.

LightGBM이 빠르고 사용하기도 쉬우니까 그런 것 같습니다.

LightGBM은 결손값을 포함해서 입력해도 문제없고, 카테고리 변수도 따로 지정하면 알아서 처리해 줍니다. 특징량 표준화도 따로 필요 없다는 점도 좋습니다. 그냥 처음에 테스트 삼아 해보기에도 참 좋은 느낌입니다.

다른 경사 부스팅 패키지인 XGBoost와 CatBoost를 사용하는 경우도 있습니다. 모델을 다양하게 테스트해 보기 위한 목적으로 Competition 마지막 정도에 사용하는 경우가 많습니다.

저도 비슷합니다. LightGBM이 등장하기 전에는 많은 사람들이 XGBoost를 사용했습니다. 그래서 2~3년 전의 Notebook을 살펴보며 공부하면 굉장히 많이 등장합니다. CatBoost도 최근에는 굉장히 빠르게 업데이트되어, 앞으로 발전할 가능성을 많이 보여주고 있습니다. 이러한 변천사를 볼 수 있다는 것도 캐글 공부의 좋은 점이라고 생각합니다.

저는 캐글을 시작한지 1~2년밖에 되지 않아서, LightGBM을 사용하는 것이 당연하다고 느낍니다. 5년 전 정도의 Notebook을 보면 완전히 다른 세계의 느낌이라 참 재미있습니다.

---

34 XGBoost
    https://xgboost.readthedocs.io/en/latest/ (Accessed: 15 February 2021)
35 CatBoost
    https://catboost.ai/ (Accessed: 15 February 2021)
36 PyTorch
    https://pytorch.org/ (Accessed: 15 February 2021)
37 TensorFlow
    https://www.tensorflow.org/ (Accessed: 15 February 2021)

최근 Competition에서 금메달을 따려면 NN도 거의 필수가 되어가고 있는 것 같습니다. 다만 NN은 결손값 보완과 특징량 표준화가 필요합니다. 특징량 엔지니어링 단계부터 완전히 방식이 달라 사용하기 어려운 편입니다.

NN을 얼마나 잘 사용하는지가 다른 팀과 차별화되는 부분이라고 할 수 있습니다. 저는 NN을 잘 다루지 못하는 편이라서, NN과 관련된 부분은 다른 팀원들에게 의지합니다. 최근에는 조금씩 공부 중입니다. 다른 머신러닝 알고리즘으로는 어떤 것이 있을까요?

 교과서적으로 이야기하면 로지스틱 회귀와 서포트 벡터 머신 등이 유명합니다. 하지만 캐글에서는 성능적으로 경사 부스팅 계열의 알고리즘이 훨씬 좋은 것 같습니다. 물론 업무에서는 선형 회귀를 많이 사용합니다. 웹 애플리케이션으로 사용하는 편이라, 계산 시간과 모델의 용량을 고려했을 때 선형 회귀가 조금 더 무난하기 때문입니다.

캐글에서 계산 시간이 짧을 경우 가산점을 주는 등, 평가 요인이 조금 더 많아진다면 더 재미있는 Competition들이 많아질 것 같네요.

2.6

하이퍼파라미터 조정하기

이전에도 설명했던 것처럼 머신러닝 알고리즘의 동작은 하이퍼파라미터라는 값으로 제어됩니다. 하이퍼파라미터의 값에 따라서 예측 결과가 달라집니다.

하이퍼파라미터 조정 방법은 크게 다음과 같이 구분할 수 있습니다.

- 수동으로 조정
- 튜닝 도구 사용

이번 절에서는 일단 수동으로 하이퍼파라미터를 조정해서, 머신러닝 알고리즘의 동작이 어떻게 달라지는지 확인하겠습니다. 이어서 'Optuna(옵튜나)'라는 튜닝 도구를 사용해 보겠습니다.

최근 캐글의 Competition에서는 데이터 크기가 크므로 위에서 실명한 도구로 하이퍼파라미터를 조정하는 것은 시간적 여유가 부족합니다. 일반적으로 하이퍼파라미터 조정에 의한 점수 상승폭은 특징량 엔지니어링으로 좋은 특징량을 발견했을 때보다는 떨어집니다. 그래서 하이퍼파라미터 조정은 간단하게 수동으로 미세조정하는 경우도 많습니다.

캐글은 참가자들이 Notebooks와 Discussion으로 하이퍼파라미터를 서로 공유하기도 합니다. 물론, 최적의 하이퍼파라미터는 특징량에 따라서 조절해야 하지만, 이러한 것들을 활용하는 것도 괜찮습니다.

2.6.1 수동으로 조정하기

이번 절에서는 LightGBM의 성능을 올려 보며 하이퍼파라미터 조정을 알아보겠습니다. 지금까지는 하이퍼파라미터로 'objective'만을 지정했습니다. 이를 명시적으로 지정하지 않으면 'default'라는 값이 자동으로 정의됩니다.[38]

---

38 LightGBM Parameters
https://lightgbm.readthedocs.io/en/latest/Parameters.html (Accessed: 15 February 2021)

```
1: params = {
2:     'objective': 'binary'
3: }
```

공식 문서의 'Parameters Tuning[39]'를 따라서 수동으로 조정해 보겠습니다. 목적에 따라서 하이퍼파라미터를 조정하는 요령을 알아봅시다.

이번에는 성능을 높이는 것이 목적이므로 'For Better Accuracy'를 참고해서 다음과 같이 조정해 보았습니다.

- 첫 번째는 '큰 max_bin을 사용하는 것'입니다. default 값은 255이므로 300을 지정했습니다.
- 두 번째는 '작은 learning_rate를 사용하는 것'입니다. default 값은 0.1이므로 0.05을 지정했습니다.
- 세 번째는 '큰 num_leaves를 사용하는 것'입니다. default 값은 31이므로 40을 지정했습니다.

LightGBM은 학습을 빠르게 하기 위해 각각의 특징량을 여러 히스토그램으로 변환합니다. max_bin은 이때 특징량의 최대 분할 수를 의미합니다. 따라서 큰 값으로 설정할수록 머신러닝 알고리즘의 표현력이 올라서 성능이 높아집니다.

leaning_rate는 학습률입니다. 작은 값을 설정하면 대응 관계를 '차분하게' 학습하므로 마찬가지로 성능이 올라갑니다.

num_leaves는 1개의 결정 트리가 갖는 분기 끝[40]의 최대 수입니다. 따라서 이를 큰 값으로 설정하면 마찬가지로 머신러닝 알고리즘의 표현력이 향상됩니다.

표현력을 높이면 무조건 좋을 것 같지만, 계산량이 많아지거나 과적합될 가능성도 발생합니다. 지금은 하이퍼파라미터 3개를 한꺼번에 조정하고 있는데, 일반적으로는 각각에 의해서 어떤 변화가 일어나는지 확인할 수 있도록 하나씩 조정해 보는 것이 좋습니다.

```
1: params = {
2:     'objective': 'binary',
3:     'max_bin': 300,
4:     'learning_rate': 0.05,
5:     'num_leaves': 40
6: }
7:
```

---

39 LightGBM Parameters-Tuning
   https://lightgbm.readthedocs.io/en/latest/Parameters-Tuning.html (Accessed: 15 February 2021)
40 옮긴이 트리의 마지막 끝을 리프(leaf, 잎)이라고 부릅니다. 그래서 num_leaves라는 이름이 붙은 것입니다.

```
 8: lgb_train = lgb.Dataset(X_train, y_train,
 9:                          categorical_feature=categorical_features)
10: lgb_eval = lgb.Dataset(X_valid, y_valid, reference=lgb_train,
11:                         categorical_feature=categorical_features)
12:
13: model = lgb.train(params, lgb_train,
14:                   valid_sets=[lgb_train, lgb_eval],
15:                   verbose_eval=10,
16:                   num_boost_round=1000,
17:                   early_stopping_rounds=10)
18:
19: y_pred = model.predict(X_test, num_iteration=model.best_iteration)
```

```
Training until validation scores don't improve for 10 rounds.
[10] training's binary_logloss: 0.505699 valid_1's binary_logloss: 0.532106
[20] training's binary_logloss: 0.427825 valid_1's binary_logloss: 0.482279
[30] training's binary_logloss: 0.377242 valid_1's binary_logloss: 0.456641
[40] training's binary_logloss: 0.345424 valid_1's binary_logloss: 0.447083
[50] training's binary_logloss: 0.323113 valid_1's binary_logloss: 0.440407
[60] training's binary_logloss: 0.302727 valid_1's binary_logloss: 0.434527
[70] training's binary_logloss: 0.285597 valid_1's binary_logloss: 0.434932
Early stopping, best iteration is:
[66] training's binary_logloss: 0.293072 valid_1's binary_logloss: 0.433251
```

y_pred가 하이퍼파라미터 변경 전과 다른 값을 갖게 됩니다. 출력 로그에도 변화가 있습니다. 최종적으로 valid_1's binary_logloss는 0.433251이므로 변경 전보다 작아졌습니다. 이 값은 손실이므로 작을수록 좋은 것입니다.

LightGBM의 예측 결과를 submit해 보면 저자의 환경에서는 0.77033이라는 점수가 나왔습니다. 하이퍼파라미터 변경 전에는 0.75598이었으므로 점수가 꽤 올랐습니다(그림 2.41).

그림 2.41 **LightGBM의 예측 결과**

2.6.2 Optuna 사용하기

지금까지는 수동으로 하이퍼파라미터를 조정했습니다. 그런데 아마 다음과 같은 생각을 하는 분도 있을 것입니다.

- '크다'와 '작다'라는 것의 기준을 잘 모르겠다.
- 각각의 파라미터를 조합하는 방법이 굉장히 많을 것 같은데, 이걸 어떻게 다 하나하나 설정하고 실행해서 성능을 검증할 수 있을까?

이러한 생각을 해결할 수 있는 방법이 바로 하이퍼파라미터 튜닝입니다. 'Grid Search'[41], 'Bayesian Optimization'[42], 'Hyperopt'[43], 'Optuna'[44] 등의 여러 도구를 사용할 수 있습니다.

이 중에서 저자가 사용하기 쉽다고 느낀 Optuna를 사용해 보겠습니다.

Optuna를 사용하려면 다음과 같이 함수 내부의 `trial.suggest_int()`처럼 탐색 범위를 미리 정의해야 합니다. 지정 방법은 공식 문서의 'Trial'[45]에서 확인할 수 있습니다.

여기서는 `learning_rate`를 의도적으로 조정하지 않았습니다. 테이블 데이터를 LightGBM으로 다룰 경우, 일반적으로 `learning_rate`가 낮을수록 높은 성능을 얻을 수 있기 때문입니다. 따라서 탐색 범위에는 포함하지 않았으며, 필요할 때는 나중에 수동으로 낮은 값으로 변경하면 됩니다.

```
 1: import optuna
 2: from sklearn.metrics import log_loss
 3:
 4:
 5: def objective(trial):
 6:     params = {
 7:         'objective': 'binary',
 8:         'max_bin': trial.suggest_int('max_bin', 255, 500),
 9:         'learning_rate': 0.05,
10:         'num_leaves': trial.suggest_int('num_leaves', 32, 128),
11:     }
12:
13:     lgb_train = lgb.Dataset(X_train, y_train,
14:                             categorical_feature=categorical_features)
15:     lgb_eval = lgb.Dataset(X_valid, y_valid, reference=lgb_train,
16:                             categorical_feature=categorical_features)
17:
```

41 sklearn.model_selection.GridSearchCV
   https://scikit-learn.org/stable/modules/generated/sklearn.model_selection.GridSearchCV.html (Accessed: 15 February 2021)
42 Bayesian Optimization
   https://github.com/fmfn/BayesianOptimization (Accessed: 15 February 2021)
43 Hyperopt
   https://github.com/hyperopt/hyperopt (Accessed: 15 February 2021)
44 Optuna
   https://optuna.org/ (Accessed: 15 February 2021)
45 Optuna Trial
   https://optuna.readthedocs.io/en/latest/reference/trial.html (Accessed: 15 February 2021)

```
18:    model = lgb.train(params, lgb_train,
19:                        valid_sets=[lgb_train, lgb_eval],
20:                        verbose_eval=10,
21:                        num_boost_round=1000,
22:                        early_stopping_rounds=10)
23:
24:    y_pred_valid = model.predict(X_valid,
25:                        num_iteration=model.best_iteration)
26:    score = log_loss(y_valid, y_pred_valid)
27:    return score
```

n_trials는 시행 횟수입니다. 계산을 짧게 할 수 있게 40회 정도로 설정했습니다. 랜덤한 수의 seed도 고정했습니다.

```
1: study = optuna.create_study(sampler=optuna.samplers.RandomSampler(seed=0))
2: study.optimize(objective, n_trials=40)
3: study.best_params
```

```
{'max_bin': 427, 'num_leaves': 79}
```

지정한 범위 내부에서 시행 횟수만큼 탐색한 뒤에 얻은 최적의 하이퍼파라미터가 출력됩니다. submit하니 저자의 환경에서는 0.77033이라는 점수가 나왔습니다(그림 2.42). 우연이지만 수동 조정했을 때와 같은 점수가 나왔습니다. 탐색 범위를 넓히거나, 시행 횟수를 늘리면 더 좋은 점수가 나올 수도 있습니다.

그림 2.42 **Optuna로 조정한 LightGBM으로 예측한 결과**

수동으로 조정하는 경우도, 튜닝 도구를 사용해서 자동으로 조정하는 경우도, 머신러닝 알고리즘을 블랙박스처럼 사용하는 것이 아니라면 하이퍼파라미터들이 무엇을 의미하는지 이해하는 것이 중요합니다.

하이퍼파라미터의 설명은 영어로 되어 있지만, 공식 문서를 확인하는 것이 확실합니다.

이번 절에서는 주제로 하이퍼파라미터 조정을 다루었습니다. 그런데 개인적으로는 캐글에서 하이퍼파라미터 조정은 그렇게까지 중요하다고 생각하지 않습니다. 특히 테이블 데이터 Competition에서 경사 부스팅 계열의 모델을 사용할 경우에는 문제의 요점을 크게 벗어난 것이 아닌 이상, 특징량 엔지니어링 등의 다른 것들에 주력해야 하는 경우가 더 많습니다.

저도 그렇습니다. 다른 공개 Notebook에서 복사하거나, 이전에 참가했던 Competition에서 사용했던 값을 그냥 그대로 사용하는 경우도 많습니다.

제가 Competition에 참가할 때는 시작하는 시점과 종료하는 시점 즈음에 두 번 정도 하이퍼파라미터를 조정하기도 합니다. 시작하는 시점에는 벤치 마크를 만들기 위한 목적이지만, 종료하는 시점에는 최후의 발악(?)이 되는 느낌입니다. 학습 전용 데이터와 테스트 전용 데이터에 대한 성능을 보면서 수동으로 조정합니다.

저는 하이퍼파라미터 조정을 하는 경우가 거의 없지만, 한다면 Competition 마지막에 Optuna를 사용해서 대충 끝내는 편입니다. 자기 전에 돌려 두면 아침에 일어났을 때 좋은 하이퍼파라미터가 찾아져 있으므로 굉장히 간단하게 해낼 수 있습니다.

Optuna와 같은 도구를 사용할 때도 반드시 하이퍼파라미터들의 의미를 이해하고 사용하는 것이 좋습니다.

데이터에 따라서 탐색 범위 등을 수정해야 합니다. 열심히 했던 Competition이 하이퍼파라미터 조정 문제로 좋은 순위를 얻을 수 없는 경우에는 굉장히 아쉽습니다. 나쁜 예로 '로그를 몇 번이나 출력할 것인가?'라는 큰 의미 없는 하이퍼파라미터를 튜닝해야 한다는 글을 읽었던 적이 있습니다. 그리고 또 이러한 글을 참고로 다른 글들이 작성된 것을 보았습니다. 저도 하이퍼파라미터를 대충 복사해서 사용하는 경우가 있는데, 이러한 것들을 스스로 필터링할 수 있으려면 하이퍼파라미터에 대한 이해가 어느 정도 필요합니다.
저의 경우 경사 부스팅의 파라미터를 이해해서 설정하기 위한 방법으로, 아무 패키지의 문서 또는 논문 등을 읽어서 이해해 두곤 합니다. 이렇게 하면 다른 패키지에서도 활용할 수 있어서 좋습니다.

'Cross Validation'의 중요성

지금까지 특징량 엔지니어링, 머신러닝 알고리즘, 하이퍼파라미터를 중심으로 점수를 올릴 수 있는 방법을 살펴보았습니다.

이번 절에서는 머신러닝 모델의 성능을 대충 예상해 볼 수 있는 'validation'에 대해서 알아보겠습니다.

2.7.1 submit 때의 점수로 확인하면 안 되는 것일까?

지금까지 모델의 성능을 평가할 때나 submit했을 때 나오는 점수를 사용했습니다. 그런데 이 방법은 다음과 같은 문제가 있습니다.

- sumit 횟수에 제한이 있다.
- Public LB의 평가에 사용되는 데이터에 과적합될 수 있다.

■ submit 횟수에 제한이 있다

캐글의 Competition에는 하루에 가능한 submit 횟수가 제한되어 있습니다. 1일 가능 submit 횟수만큼만 테스트할 수 있으므로 점수를 높일 수 있는 보장이 없는 상태에서 submit하기에는 위험성이 따릅니다.

■ Public LB의 평가에 사용되는 데이터에 과적합될 수 있다

메달을 획득할 수 있는 Competition의 경우, Public LB에서 일부 데이터만 사용됩니다. Public LB의 점수가 잘 나와도, 실제로 최종 순위가 결정되는 Private LB에서는 더 많은 데이터가 사용되어, 점수가 낮게 나오는 경우도 있습니다(그림 2.43).

그림 2.43 **Dataset의 차이**

Public LB에서 좋은 점수가 나와도, Public LB 데이터에만 과적합되어 버려서 Private LB 성능이 제대로 나오지 않는 경우도 있습니다. Public LB와 Private LB가 어떻게 분할되는지는 참가자에게 공개되지 않습니다.

극단적인 예이지만, 만약 Titanic과 같이 두 값으로 분류되는 문제에서 0이라는 레이블이 붙은 데이터만 Public LB로 사용된다고 해봅시다. 이러한 경우 Public LB에서 높은 점수를 내는 모델을 만들어도, 해당 모델은 1이라는 레이블을 맞추는 성능이 어느 정도 나오는지 확인할 수 없습니다.

■ 학습 전용 Dataset로 테스트 전용 테스트 세트 만들기

캐글에서는 학습 전용 Dataset를 기반으로 테스트 전용 Dataset를 만들고, 이를 기반으로 모델의 성능을 측정하는 것이 일반적입니다.

학습 전용 Dataset에서 테스트 전용 Dataset를 뽑아내므로 테스트 전용 Dataset와 관련된 정보(목적 변수 등)을 모두 파악할 수 있습니다.

또한 submit하지 않아도 점수를 확인할 수 있으므로, submit 횟수에 제한이 있는 문제도 대처할 수 있습니다. 테스트 전용 Dataset를 만드는 방법에 따라서 다를 수는 있지만, 전체적인 형태가 보이지 않는 Public LB보다 더 신뢰할 수 있습니다.

2.7.2 홀드아웃 검증

사실 지금까지 LightGBM을 사용해 보면서, '홀드아웃 검증'이라는 검증 방법(validation)을 사용하고 있었습니다. 그림 2.44처럼 학습 전용 Dataset를 분할했던 것을 다시 떠올려 주세요.

그림 2.44 **홀드아웃 검증**

테스트 전용 Dataset에 대한 성능은 submit하지 않아도 확인할 수 있습니다. 일반적으로 만족할 수 있는 점수가 나올 때까지 시행착오를 반복하고, 좋은 점수를 얻었을 때 캐글에 submit하는 형태로 진행합니다.

2.7.3 Cross Validation

'Cross Validation(크로스 밸리데이션, 교차 검증)'은 홀드아웃 검증보다 훨씬 범용적으로 성능을 확인할 수 있는 방법입니다. Cross Validation이란, 그림 2.45처럼 여러 번에 걸쳐서 다른 방법으로 Dataset를 분할하고, 각각을 기준으로 홀드아웃 검증을 실시하는 방법입니다. 이러한 점수의 평균을 확인하는 것으로 홀드아웃 검증에서 발생할 수 있는 편중 문제를 줄일 수 있습니다.

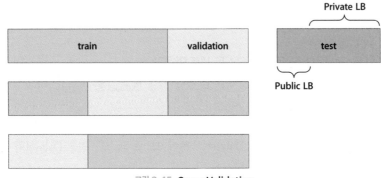

그림 2.45 **Cross Validation**

train_test_split()을 여러 번 사용해도 구현할 수 있지만, sklearn에는 이를 간단하게 할 수 있는 KFold 클래스가 있습니다. n_splits는 분할 수를 의미합니다. 다음 코드는 Dataset를 5개로 나눈 것입니다.

```
1: from sklearn.model_selection import KFold
2:
3:
4: kf = KFold(n_splits=5, shuffle=True, random_state=0)
```

소스 코드 전체는 다음과 같습니다.

```
1: from sklearn.model_selection import KFold
2:
3:
```

```
 4: y_preds = []
 5: models = []
 6: oof_train = np.zeros((len(X_train),))
 7: cv = KFold(n_splits=5, shuffle=True, random_state=0)
 8:
 9: categorical_features = ['Embarked', 'Pclass', 'Sex']
10:
11: params = {
12:     'objective': 'binary',
13:     'max_bin': 300,
14:     'learning_rate': 0.05,
15:     'num_leaves': 40
16: }
17:
18: for fold_id, (train_index, valid_index) in enumerate(cv.split(X_train)):
19:     X_tr = X_train.loc[train_index, :]
20:     X_val = X_train.loc[valid_index, :]
21:     y_tr = y_train[train_index]
22:     y_val = y_train[valid_index]
23:
24:     lgb_train = lgb.Dataset(X_tr, y_tr,
25:                             categorical_feature=categorical_features)
26:     lgb_eval = lgb.Dataset(X_val, y_val, reference=lgb_train,
27:                             categorical_feature=categorical_features)
28:
29:     model = lgb.train(params, lgb_train,
30:                         valid_sets=[lgb_train, lgb_eval],
31:                         verbose_eval=10,
32:                         num_boost_round=1000,
33:                         early_stopping_rounds=10)
34:
35:     oof_train[valid_index] = \
36:         model.predict(X_val, num_iteration=model.best_iteration)
37:     y_pred = model.predict(X_test, num_iteration=model.best_iteration)
38:
39:     y_preds.append(y_pred)
40:     models.append(model)
```

Cross Validation에서는 각 분할에서의 평균 점수를 최종 점수로 봅니다. 이러한 최종 점수를 'CV 점수'라고 부르며, 간단하게 'CV'라고 부르기도 합니다.

학습 전용 Dataset를 분할한 것들을 'fold'라고 부릅니다(그림 2.46). 분할 중에서 학습에 사용되지 않는 fold를 'Out-of-fold(oof)'라고 부릅니다.

oof_train이라는 변수 이름은 'train(학습 전용 Dataset)의 oof'라는 의미입니다. 각 분할의 oof를 기반으로 예측한 결과를 저장합니다.

그림 2.46 **Out-of-fold**

```
1: scores = [
2:     m.best_score['valid_1']['binary_logloss'] for m in models
3: ]
4: score = sum(scores) / len(scores)
5: print('===CV scores===')
6: print(scores)
7: print(score)
```

```
===CV scores===
[0.3691161193267495, 0.4491122965802196, 0.3833384988458873, 0.43712149656630833,
0.43469994547894103]
0.41467767135962114
```

Cross Validation은 학습 전용 Dataset를 최대한 활용한다는 장점이 있습니다. 홀드아웃 검증에서는 테스트 전용 Dataset에 해당하는 부분을 학습에 활용하지 않습니다. 하지만 Cross Validation은 여러 분할을 하므로, 주어진 Dataset를 학습에 모두 활용할 수 있습니다.

이러한 예측값을 submit했을 때, 저자의 환경에서는 0.76555라는 점수가 나왔습니다(그림 2.47). 홀드아웃 검증을 했을 때보다 나쁜 점수가 나와버렸습니다.

그림 2.47 **Cross Validation을 사용한 예측 결과**

이러한 문제가 발생하는 원인은 Dataset의 분할 방법 때문입니다. 이 문제를 조금 더 자세히 살펴봅시다.

2.7.4 Dataset 분할 방법

Dataset를 분할할 때는 Dataset의 특징과 문제 설정을 잘 확인해야 합니다.

지금까지 사용했던 KFold는 특별히 Dataset의 특징과 문제 설정을 생각하지 않고, 데이터를 단순하게 분할했습니다. 예를 들어서 학습 전용과 테스트 전용 Dataset 내부의 y==1의 비율을 살펴보면 다음과 같습니다. fold_id가 2 또는 4인 경우 등에서 비율에 큰 차이가 있다는 것을 볼 수 있습니다.

```
 1: from sklearn.model_selection import KFold
 2:
 3:
 4: cv = KFold(n_splits=5, shuffle=True, random_state=0)
 5: for fold_id, (train_index, valid_index) in enumerate(cv.split(X_train)):
 6:     X_tr = X_train.loc[train_index, :]
 7:     X_val = X_train.loc[valid_index, :]
 8:     y_tr = y_train[train_index]
 9:     y_val = y_train[valid_index]
10:
11:     print(f'fold_id: {fold_id}')
12:     print(f'y_tr y==1 rate: {sum(y_tr)/len(y_tr)}')
13:     print(f'y_val y==1 rate: {sum(y_val)/len(y_val)}')
```

```
fold_id: 0
y_tr y==1 rate: 0.38342696629213485
y_val y==1 rate: 0.3854748603351955
fold_id: 1
y_tr y==1 rate: 0.3856942496493689
y_val y==1 rate: 0.37640449438202245
fold_id: 2
y_tr y==1 rate: 0.39831697054698456
y_val y==1 rate: 0.3258426966292135
fold_id: 3
y_tr y==1 rate: 0.3856942496493689
y_val y==1 rate: 0.37640449438202245
fold_id: 4
y_tr y==1 rate: 0.36605890603085556
y_val y==1 rate: 0.4550561797752809
```

반복해서 말하지만, 캐글이 목적은 미지의 Dataset인 Private LB에 대한 성능을 높이는 것입니다. 따라서 우수한 테스트 전용 Dataset란 Private LB와 유사한 Dataset를 의미합니다.

Private LB에서 y==1인 것의 비율은 아무도 정확하게 모르지만, 일반적으로 제공되는 Dataset 와 같은 비율이라고 가정합니다. 따라서 테스트 전용 Dataset도 제공되는 Dataset에서 y==1인 것의 비율을 유지한 채로 분할하는 것이 좋습니다.

y==1인 비율이 균등하지 않으면 y==1을 중요하게 만들거나, 이와 반대로 중요하지 않게 만들어서 머신러닝 알고리즘의 학습이 제대로 이루어지지 않게 되어 버립니다. 이러한 상태에서는 최적의 특징을 학습할 수 없으므로 미지의 Dataset에 대한 성능이 낮아질 수 있습니다. KFold를 사용한 경우에 점수가 나쁘게 뜬다면 이러한 원인을 고려해 보기 바랍니다.

참고로 2.5.2절에서 train_test_split()을 사용할 때, strarify라는 매개변수로 y_train을 지정했는데, 이렇게 하면 해당 비율을 유지한 채로 분할할 수 있습니다.

```
1: from sklearn.model_selection import train_test_split
2:
3:
4: X_train, X_valid, y_train, y_valid = \
5:     train_test_split(X_train, y_train, test_size=0.3,
6:                      random_state=0, stratify=y_train)
```

비율을 유지한 상태로 Cross Validation을 할 때는 sklearn의 StratifiedKFold()를 사용합니다. 학습 전용 데이터와 테스트 전용 Dataset 내부의 y==1의 비율을 어느 정도 보장해 줍니다.

```
1: from sklearn.model_selection import StratifiedKFold
2:
3:
4: cv = StratifiedKFold(n_splits=5, shuffle=True, random_state=0)
5: for fold_id, (train_index, valid_index) in enumerate(cv.split(X_train, y_train)):
6:     X_tr = X_train.loc[train_index, :]
7:     X_val = X_train.loc[valid_index, :]
8:     y_tr = y_train[train_index]
9:     y_val = y_train[valid_index]
10:
11:     print(f'fold_id: {fold_id}')
12:     print(f'y_tr y==1 rate: {sum(y_tr)/len(y_tr)}')
13:     print(f'y_val y==1 rate: {sum(y_val)/len(y_val)}')
```

```
fold_id: 0
y_tr y==1 rate: 0.38342696629213485
y_val y==1 rate: 0.3854748603351955
fold_id: 1
y_tr y==1 rate: 0.38342696629213485
y_val y==1 rate: 0.3854748603351955
fold_id: 2
y_tr y==1 rate: 0.38429172510518933
y_val y==1 rate: 0.38202247191011235
fold_id: 3
y_tr y==1 rate: 0.38429172510518933
y_val y==1 rate: 0.38202247191011235
fold_id: 4
```

```
y_tr y==1 rate: 0.38375350140056025
y_val y==1 rate: 0.384180790960452
```

분할을 사용해서 학습, 예측을 실시했을 때, 저자의 환경에서는 0.77511이라는 점수가 나왔습니다(그림 2.48). KFold와 홀드아웃 검증 때보다 좋은 점수가 나왔습니다.

그림 2.48 **StratifiedKFold()를 사용한 때의 예측 결과**

목적 변수 이외에도 분할할 때 주의해야 하는 것을 정리하면 다음과 같습니다.

- Dataset에 시계열 성질이 있지는 않은가?
- Dataset 내부에 그룹이 존재하지는 않는가?

■ Dataset에 시계열 성질이 있지는 않은가?

시계열 성질을 생각해서 테스트 전용 Dataset를 만들어야 하는 경우가 있습니다. 예를 들어서 'Recruit Restaurant Visitor Forecasting'[46]에서는 Dataset가 그림 2.49와 같은 시계열로 분할되어 있습니다.

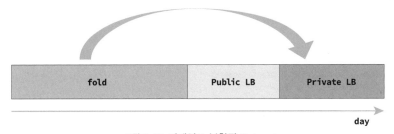

그림 2.49 **시계열로 분할된 Dataset**

학습 전용 Dataset에서 1주일이 Public LB로서 비워져 있습니다. 이는 Private LB에서 예측 성능을 더 확인하기 위한 목적입니다. 따라서 테스트 전용 Dataset를 만들 때도 그림 2.50처럼 일정 기간을 두고 Dataset를 분할하는 것이 좋습니다.

---

46 Recruit Restaurant Visitor Forecasting
   https://www.kaggle.com/c/recruit-restaurant-visitor-forecasting (Accessed: 15 February 2021)

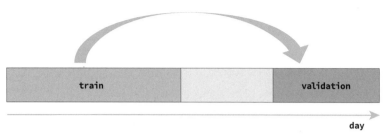

그림 2.50 **시계열을 고려해서 분할한 Dataset**

sklearn의 구현으로는 sklearn.model_selection.TimeSeriesSplit()[47]가 있습니다. 다만 'Dataset를 순서대로 단순하게 분할해 주는 것뿐이므로 시계열 정보를 실질적으로 고려하지는 않습니다. 상황이나 Dataset의 형태에 맞추어 분할하는 방법을 따로 구현해서 사용하도록 합시다.

■ Dataset 내부에 그룹이 존재하지는 않는가?

Dataset 내부에 그룹이 존재하는 경우, 같은 그룹 내부의 예측이 비교적 쉬워진다는 점에 주의해야 합니다.

간단하게 'State Farm Distracted Driver Detection'[48]을 소개하겠습니다. 이 Competition은 운전자의 이미지를 기반으로, 운전 태도를 10개의 클래스로 분할하는 문제였습니다(그림 2.51).

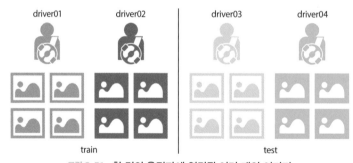

그림 2.51 **한 명의 운전자에 연결된 여러 개의 이미지**

Dataset로 1명의 운전자에 대한 여러 이미지가 제공되었습니다. 이때 학습 전용 Dataset와 테스트 전용 Dataset 사이에 드라이버가 중복되지 않는다는 점이 포인트였습니다.

이때 그림 2.52처럼 드라이버를 섞어서 학습 전용 Dataset와 테스트 전용 Dataset를 분할하면 안 됩니다. 동일한 드라이버의 이미지를 예측하는 것은 비교적 간단하므로 테스트 전용 Dataset의 성능이 문제의 의도와는 달리 높게 예측되기 때문입니다.

그림 2.52 **운전자가 섞인 채로 분할된 경우**

이러한 경우에는 그림 2.53처럼 Dataset를 분할할 때 같은 운전자가 분할되지 않도록 주의해야 합니다.

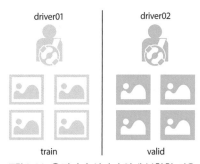

그림 2.52 **운전자가 섞이지 않게 분할한 경우**

sklearn에는 sklearn.model_selection.GroupKFold()[49]라는 클래스가 있습니다. 다만 Dataset를 셔플(shuffle)하는 것은 안 되고, 랜덤값 설정 등이 없어서 다소 사용하기 힘든 편입니다.

■ **저자들의 이야기 8 — Trust CV**

캐글러들 사이에서는 Trust CV(트러스트 CV)라는 용어가 있습니다. 'Public LB 점수보다 자신이 계산한 CV 점수를 믿어라'라는 의미입니다. 이러한 용어가 존재한다는 것은 그만큼 많은 사람들이 이렇게 생각한다는 거네요.

49 sklearn.model_selection.GroupKFold
https://scikit-learn.org/stable/modules/generated/sklearn.model_selection.GroupKFold.html (Accessed: 15 February 2021)

캐글의 최상위권에서는 우수한 테스트 전용 Dataset를 만드는 것도 중요한 것 같습니다.

그렇네요. 캐글에서도 Public LB와 Privat LB의 점수가 크게 다른 Competition들이 있습니다. 이러한 것을 'Shake up'이 일어났다'라고 표현하는데, Grandmaster분들은 그런 상황에서도 항상 상위권에 머물러 있어 신기합니다. 캐글 Grandmaster인 bestfitting 씨도 캐글 인터뷰[50]에서 validation의 중요성에 대해서 굉장히 강조했습니다.

bestfitting 씨도 최종적으로 2개의 '안전한' 모델과 비교적 '위험한' 모델을 하나씩 submit한 다고 했던 것 같습니다. u++ 씨는 어떤가요?

저도 그 이야기를 듣고, 방향성이 다른 두 종류의 모델을 submit하려 노력합니다.

선택 방법에서 사람의 성격이 나오는 것 같습니다. 팀 내부에서도 어떤 것을 submit할지 의견이 갈리는 경우도 많습니다. bestfitting 씨의 선택도 좋지만, 저는 위험한 모델을 2개 제출하는 편입니다. 그래서 성공한 경우도 있고 실패한 경우도 있습니다.

Public LB에서 높은 점수를 받으면 그걸 믿고 싶은 심리도 생기는 것 같습니다. 저는 'LANL Earthquake Prediction'의 종료 시점에 Public LB에서 상금을 받을 수 있는 5위 정도에 있었습니다. 그래서 그 모델을 submit했고, 이를 기반으로 조금 더 개선했다 싶은 모델까지 submit했습니다. 그런데 이 Competition이 Shake up이 일어났던 Competition이었습니다. 실제로 Private LB에서 뚜껑을 열어 보니, 순위가 212로 내려 앉았었습니다(그림 2.54). 좋은 경험이었던 것 같습니다.

| 212 | ▼207 | [kaggler-ja] Shake it up! | | 2.49606 | 145 | 4mo |

그림 2.54 **Public LB 5위에서 Private LB 212위로**

Public LB에서 상위권에 오르면 어느 정도 'Trust CV'를 할지도 어렵습니다. 저의 경우 'LANL Earthquake Prediction'에서 입력 데이터의 분포를 예측해서, 그 분포와 가까운 테스트 세트를 만들어서 사용했습니다. Public LB에서 80위를 받은 모델도 있었지만, 마지막에 가서 3000위 정도 했던 모델을 제출했습니다. 조금 걱정도 됐지만, 결국 Private LB에서 3위를 했었답니다(그림 2.55).

| 3 | ▲77 | **Character Ranking** | | 2.29686 | 96 | 4mo |

그림 2.55 **Public LB 80위에서 Private LB 3위로**

50 Profiling Top Kagglers: Bestfitting, Currently #1 in the World
https://medium.com/kaggle-blog/profiling-top-kagglers-bestfitting-currently-1-in-the-world-58cc0e187b (Accessed: 15 Feburary 2021)

앙상블 학습해 보기

이번 절에서는 머신러닝의 '앙상블'에 대해서 설명합니다. 앙상블이란, 여러 개의 머신러닝 모델을 조합해서 성능이 높은 예측값을 구하는 방법입니다.

앙상블은 캐글 등의 Competition에서 가장 마지막에 사용되는 최후의 보루로서, 큰 효과를 가져오는 경우가 꽤 많습니다. 최근에는 여러 팀들에서 당연하다 싶을 정도로 사용합니다.

우선 간단한 예로 앙상블과 관련된 내용을 살펴보고, 실제로 앙상블의 효과를 확인해 봅시다.

2.8.1 백지장도 맞들면 낫다

앙상블과 관련된 내용은 'Kaggle Ensembling Guide'[51]이라 부르는 유명한 글에 잘 정리되어 있습니다. 이번 절에서는 해당 글의 앞부분에 나오는 예를 기반으로, 앙상블과 관련된 내용을 살펴보겠습니다.

10개의 y에 대해서, 0과 1이라는 결과가 나오는 상황이라고 생각해 봅시다. 예측 결과는 다음과 같습니다.

$(y_0, y_1, ..., y_9)=(0, 1, ..., 0)$

이를 왼쪽부터 숫자만으로 다음과 같이 표현하겠습니다. 예를 들어 'y_4와 y_9만 1로 예측'했다면 다음과 같이 표현합니다.

```
0000100001
```

만약 모든 예측 결과를 1로 냈다면 다음과 같습니다.

---

51 Kaggle Ensembling Guide
　　https://mlwave.com/kaggle-ensembling-guide/ (Accessed: 15 February 2021)

```
1111111111
```

이 문제로 3개의 모델을 만들었고, 각각 다음과 같이 예측했다고 해봅시다.

■ 모델 A = 정답률 80%

```
1111111100
```

■ 모델 B = 정답률 70%

```
0111011101
```

■ 모델 C = 정답률 60%

```
1000101111
```

단순히 가장 좋은 모델을 선택하는 경우, 모델 A를 채용했을 때 80%의 정답률을 얻을 수 있습니다. 그러나 여기서 앙상블을 사용하면 80% 이상의 정답률을 내는 모델을 만들 수 있습니다.

이번에 사용한 앙상블은 굉장히 단순한 '디수결'이라는 방법입니다. y_0, y_1, ..., y_9이라는 모델 예측을 확인하고, 다수결로 최종적인 예측 결과를 도출합니다.

예를 들어서 y_0를 봅시다. 모델 A와 모델 C는 1이고, 모델 B는 0을 예측하고 있습니다. 따라서 다수결에 의해서 최종적인 예측 결과는 1이 됩니다.

마찬가지로 생각하면 다음과 같은 최종 결과가 나옵니다.

■ 최종적인 예측 결과 = 정답률 90%

```
1111111101
```

활용했던 다른 모델보다 높은 정답률이 나왔습니다.

수식적인 설명은 'Kaggle Ensemling Guide'라는 글에 자세히 나와 있습니다. 간단하게 설명하면 여러 모델의 좋은 부분과 나쁜 부분을 보완해서 전체적으로 좋은 예측 결과를 얻도록 하는 방법입니다.

2.8.2 Titanic으로 실험하기

이번에는 지금까지 만들었던 csv 파일을 사용해서, 실제로 앙상블의 효과를 확인해 보겠습니다. 랜덤 포레스트와 LightGBM으로 만든 3개의 csv 파일을 사용합니다.

- submission_lightgbm_skfold.csv
- submission_lightgbm_holdout.csv
- submission_randomforest.csv

이러한 csv 파일은 다음 URL에서 다운로드할 수 있습니다.

https://www.kaggle.com/sishihara/submit-files

위 항목 중 첫 번째는 2.7절의 StratifiedKFold(), 두 번째는 홀드아웃 검증을 사용해서 만든 csv 파일입니다. 세 번째는 2.5절의 머신러닝 알고리즘으로 랜덤 포레스트를 사용한 csv 파일입니다. 각각을 submit했을 때의 점수는 0.77511, 0.77033, 0.77990이었습니다.

```
1: import pandas as pd
2:
3:
4: sub_lgbm_sk = \
5:     pd.read_csv('../input/submit-files/submission_lightgbm_skfold.csv')
6: sub_lgbm_ho = \
7:     pd.read_csv('../input/submit-files/submission_lightgbm_holdout.csv')
8: sub_rf = pd.read_csv('../input/submit-files/submission_randomforest.csv')
```

처음 예측이 어느 정도로 유사한지 확인하기 위해서 각각의 상관관계를 정리해 보면 표 2.1과 같습니다.

표 2.1 **예측값의 상관관계**

	sub_lgbm_sk	sub_lgbm_ho	sub_rf
sub_lgbm_sk	1.000000	0.883077	0.796033
sub_lgbm_ho	0.883077	1.000000	0.731329
sub_rf	0.796033	0.731329	1.000000

sub_lgbm_sk는 sub_lgbm_ho와의 상관관계가 0.883077, sub_rf와의 상관관계는 0.796033이라는 것을 알 수 있습니다. sub_lgbm_ho와 sub_rf의 상관관계는 0.731329로, 3개의 예측값 사이에서 상관관계가 가장 작습니다.

앙상블은 다양성이 중요하므로 예측값의 상관관계가 적은 것이 좋습니다. 물론 절대적인 기준은 아니지만, 일반적으로 0.95 이하라면 충분히 상관관계가 작다고 말합니다. 따라서 표 2.1에 있는 것들은 모두 상관관계가 적으므로 앙상블을 했을 때 성능이 오를 것을 기대할 수 있습니다.

이번에도 앞의 예처럼 예측값을 다수결로 결정하게 했습니다. 3개 파일의 예측값 부분을 더하고, 합계가 2 이상일 때 전체 예측값이 1이 되도록 했습니다.

```
1: sub = pd.read_csv('../input/titanic/gender_submission.csv')
2: sub['Survived'] = \
3:     sub_lgbm_sk['Survived'] + sub_lgbm_ho['Survived'] + sub_rf['Survived']
4: sub['Survived'] = (sub['Survived'] >= 2).astype(int)
5: sub.to_csv('submission_lightgbm_ensemble.csv', index=False)
```

submit했을 때 저자의 환경에서는 0.78468이라는 점수가 나왔습니다. 이전의 점수보다 더 높아졌습니다(그림 2.56).

그림 2.56 **앙상블 예측 결과**

'Kaggle Ensembling Guide'에는 이번에 체험했던 'csv 파일을 사용한 앙상블' 뿐만 아니라, 보다 고급 기술인 'Stacked Generalization(Stacking)'과 'Blending' 등의 다양한 기술이 소개되어 있습니다. 앙상블 학습을 더 공부하고 싶다면 관련된 내용을 읽어 보기 바랍니다.

> **NOTE** Titanic의 특수성
>
> Titanic은 데이터와 평가 지표도 알기 쉽고, 캐글의 Competition을 처음 접하기에도 좋은 Competition이라고 할 수 있습니다.
> 하지만 다음 이유로 인해서 점수를 경쟁하는 Competition으로서는 적합하지 않습니다.
>
> **■ 데이터 수가 적어서 점수에 대한 영향이 크다**
> 학습 전용 Dataset로 891명 분량의 데이터밖에 없으므로 한 명, 한 명의 데이터가 굉장히 중요해집니다. 따라서 학습 전용과 테스트 전용 Dataset를 분할할 때, 알고리즘의 seed 등 하이퍼파라미터에 따라서 결과가 크게 달라집니다.

■ 정답 데이터가 공개되어 있으며, '만점'을 쉽게 받을 수 있다

Titanic는 공개 데이터를 사용하므로 테스트 데이터의 답도 공개되어 있습니다. Public LB의 1위를 보면 점수가 1.0으로 '만점'을 받았습니다. 이 정도의 정답률은 아예 답을 그대로 submit한 경우에 해당합니다. 따라서 자신의 모델을 개선해서 점수를 높여도, 순위를 제대로 확인할 수 없습니다.

따라서 Titanic으로 Competition을 참가하는 방법을 대충 알았다면, 곧바로 3장과 4장을 참고로 다른 Competition에 도전해 보는 것을 추천합니다.

■ 저자들의 이야기 ❾ — 머신러닝 알고리즘 선택 방법

앙상블은 하면 할수록 좋은 것 같습니다.

앙상블을 해서 점수가 올라가는 체험을 해보는 것은 굉장히 재미있는 일입니다. Competition 의 상위 팀들이 어떻게 앙상블을 하는지 지켜보는 것도 재미있을 것 같습니다.

고도의 앙상블을 '흑마법'이라고 부르기도 하더군요. 재미있는 표현이었습니다. 오프라인 이벤트인 'Avito Demand Prediction Challenge'[52]에서 9위를 하신 분이 설명하는 해법을 들었을 때는 굉장히 놀랐습니다. 'Linear Quiz Blending'[53]이라는 앙상블 방법을 통해 개별적으로는 31위였던 모델들이 모여서 9위의 모델을 만들어냈다고 합니다.

팀 결합의 가장 큰 효과는 여러 사람들의 모델 다양성을 만들 수 있고, 이를 기반으로 앙상블해서 점수를 향상시킬 수 있다는 점에 있는 것 같습니다. 금메달 직전의 사람들이 팀을 짜서 금메달권에 도달하기도 하고, 금메달권의 사람들이 또 조를 만들어서 상금까지 받는 경우도 많이 볼 수 있습니다. 모델의 다양성 측면에서 팀 결합은 마감 직전에 하는 것이 좋다고 생각합니다. u++ 씨는 어떻게 생각하시나요?

---

52 Avito Demand Prediction Challenge
    https://www.kaggle.com/c/avito-demand-prediction (Accessed: 15 February 2021)
53 The BigChaos Solution to the Netflix Grand Prize
    https://www.netflixprize.com/assets/GrandPrize2009_BPC_BigChaos.pdf (Accessed: 15 February 2021)

아예 초기에 팀을 만드는 것이 좋은 경우도 많다고 생각합니다. 'PetFinder.my Adoption Prediction'[54]에 참여할 때는 submit을 해보기도 전에 팀을 만들었습니다. 따라서 서로서로 역할 분담을 쉽게 할 수 있었고, 덕분에 좋은 결과로 이어졌다고 생각합니다. 물론 멤버들이 이미 서로 어느 정도 아는 데다, 믿음이 형성되어서 가능했다고 생각합니다.

반면 'LANL Earthquake Prediction'[55]에서는 종료 2주 전에 팀을 만들었습니다. 상대분이 금메달권이었고, 저도 금메달권에 걸쳐져 있는 상태였습니다. 서로가 연구했던 것을 공유하면서 많은 공부가 되었던 것 같습니다.

팀을 만들면 좋은 공부가 되는 것 같습니다. 저도 팀을 만들어서 진행할 때마다 다양하게 배울 수 있었습니다. 순위를 올리기 위해서도, 공부를 위해서도 적극적으로 팀을 만들어서 참가하는 것이 좋다고 생각합니다.

저도 기본적으로는 동의합니다. 다만 혼자서 열심히 하는 것도 마찬가지로 중요하다고 생각합니다. 혼자서 상위 랭크에 들어갈 수 없다면, 좋은 사람도, 좋은 팀도 만나기 힘듭니다. 저는 Grandmaster 조건에도 있는 솔로 금메달을 아직 얻지 못했으므로 계속해서 노력하고 있습니다.

---

54 PetFinder.my Adoption Prediction
   https://www.kaggle.com/c/petfinder-adoption-prediction (Accessed: 15 February 2021)
55 LANL Earthquake Prediction
   https://www.kaggle.com/c/LANL-Earthquake-Prediction (Accessed: 15 February 2021)

2장 정리

이번 장에서는 실제로 Titanic을 풀어 보며 머신러닝을 사용한 예측 모델을 구축한 뒤, 정답율을 조금씩 올려 보았습니다. 정리하면 다음과 같습니다. 이번 장을 통해서 캐글의 테이블 데이터 Competition을 풀 수 있는 기본적인 능력을 얻었다고 생각하면 됩니다.

- 캐글의 Notebook을 통한 submit 방법
- 캐글을 사용하는 기본 흐름
- 탐색적 데이터 분석의 개요와 방법
- 특징량 엔지니어링의 개요와 방법
- sklearn과 LightGBM의 개요와 사용 방법
- LightGBM 하이퍼파라미터 조정 방법
- Cross Validation의 개요와 방법
- 앙상블 개요와 방법

제 **3** 장

Titanic에서 더 나아가기

이번 장에서는 Titanic에서는 살펴보지 못했던 캐글과 관련된 추가적인 내용을 소개합니다. Titanic에서 더 나아가 여러 테이블 다루기, 이미지 데이터와 텍스트 데이터를 다루는 방법 등을 살펴봅시다. 이번 장의 샘플 코드는 앞 부속에서 소개한 깃헙 페이지에 공개되어 있으며, 한 절의 내용이 한 파일에 들어 있습니다. 예를 들어, 3.1절은 ch03_01.ipynb 파일을 보면 됩니다. 샘플 코드와 관련된 자세한 설명은 부록에 수록되어 있습니다

이 장의 내용

여러 테이블 다루기

Titanic에서는 학습 전용 Dataset가 'train.csv'라는 하나의 csv 파일에 모여 있지만, Competition 중에는 여러 파일이 제공되는 경우도 있습니다.

예를 들어서 'Home Credit Default Risk'[56]라는 Competition에서는 그림 3.1과 같은 관계를 가진 여러 파일이 제공됩니다.

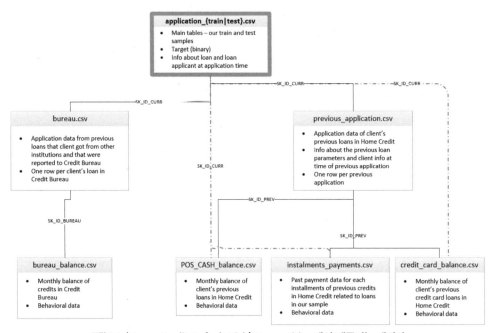

그림 3.1 'Home Credit Default Risk' Competition에서 제공되는 데이터
(그림은 'Home Credit Default Risk'의 Data 탭에 나오는 그림입니다)

이러한 Competition을 보았을 때 데이터를 다루는 법을 알지 못하면, Titanic과 같은 문제에서 다음 단계로 넘어갈 때 높은 장벽을 느끼게 됩니다.

---

56 Home Credit Default Risk
https://www.kaggle.com/c/home-credit-default-risk (Accessed: 15 February 2021)

이번 절에서는 여러 파일을 결합해서, 머신러닝 알고리즘의 입력으로 사용하는 방법을 살펴보겠습니다.

예제로는 방금 소개했던 'Home Credit Default Risk'를 사용하겠습니다. 'Home Credit Default Risk'는 대출 신청 정보를 기반으로 채무가 제대로 이행될지, 불이행될지에 대한 여부를 예측해야 합니다. application_{train/test}.csv에 포함되어 있는 신청 하나에 대해서, 다른 여러 csv 파일에 과거 신청 내역 등의 정보가 저장되어 있습니다. 따라서 여러 파일을 기반으로 삼아 필요한 정보를 어떻게 추출할지가 중요 포인트라고 할 수 있습니다.

3.1.1 테이블 결합하기

이번 절에서는 공개 Notebook인 'Introducton to Manual Feature Engineering'[57]의 코드를 기반으로 내용을 알아보겠습니다.

일단 메인 파일(application_train.csv)를 읽어 들입니다(그림 3.2). 각 줄이 하나의 대출 신청을 나타내고, TARGET이 예측 대상입니다.

```
1: application_train = \
2:     pd.read_csv('../input/home-credit-default-risk/application_train.csv')
3: application_train.head()
```

	SK_ID_CURR	TARGET	NAME_CONTRACT_TYPE	CODE_GENDER	FLAG_OWN_CAR	FLAG_OWN_REALTY	CNT_CHILDREN
0	100002	1	Cash loans	M	N	Y	0
1	100003	0	Cash loans	F	N	N	0
2	100004	0	Revolving loans	M	Y	Y	0
3	100006	0	Cash loans	F	N	Y	0
4	100007	0	Cash loans	M	N	Y	0

5 rows × 122 columns

그림 3.2 application_train의 데이터

이어서 서브 파일에 해당하는 bureau.csv를 읽어 들입니다(그림 3.3). bureau.csv에는 Competition을 주최한 Home Credit 외의 다른 금융 기관으로부터 제공받은 과거 대출 신청 내역이 기록되어 있습니다.

그림처럼 두 파일은 SK_ID_CURR을 기반으로 연결되어 있습니다. 과거의 대출 신청 내역이므로 application_train의 한 줄이 bureau의 여러 줄과 대응될 수 있습니다.

---

57 Introduction to Manual Feature Engineering
  https://www.kaggle.com/willkoehrsen/introduction-to-manual-feature-engineering (Accessed: 15 February 2021)

```
1: bureau = pd.read_csv('../input/home-credit-default-risk/bureau.csv')
2: bureau.head()
```

	SK_ID_CURR	SK_ID_BUREAU	CREDIT_ACTIVE	CREDIT_CURRENCY	DAYS_CREDIT	CREDIT_DAY_OVERDUE	DAYS_CREDI
0	215354	5714462	Closed	currency 1	-497	0	-153.0
1	215354	5714463	Active	currency 1	-208	0	1075.0
2	215354	5714464	Active	currency 1	-203	0	528.0
3	215354	5714465	Active	currency 1	-203	0	NaN
4	215354	5714466	Active	currency 1	-629	0	1197.0

그림 3.3 bureau의 데이터

만약 일대일 관계라면 단순하게 데이터를 결합하면 됩니다. 하지만 1대N 관계이므로 N 측의 Dataset를 어떤 방법을 사용해서 집약해야 합니다.

'어떤 방법을 사용해서 집약'은 2.4절에서 설명한 것처럼 특징량 엔지니어링이 필요한 순간입니다. 대충 여러 집약 패턴을 사용해서 테스트할 수도 있겠지만, 이번 Dataset처럼 열 수가 많은 경우에는 의미 있는 가설을 세우고, 납득할 수 있도록 집약하는 것이 좋습니다.

'과거의 대출 횟수'가 중요한 특징량일 것이라는 가설을 세웠습니다. 이 특징량은 다음과 같이 bureau를 기반으로 만들 수 있습니다. SK_ID_CURR별로 횟수를 집약한 것입니다(그림 3.4).

```
1: previous_loan_counts = \
2:     bureau.groupby('SK_ID_CURR',
3:                 as_index=False)['SK_ID_BUREAU'].count().rename(
4:                     columns={'SK_ID_BUREAU': 'previous_loan_counts'})
5: previous_loan_counts.head()
```

	SK_ID_CURR	previous_loan_counts
0	100001	7
1	100002	8
2	100003	4
3	100004	2
4	100005	3

그림 3.4 previous_loan_counts 출력

이어서 application_train에 SK_ID_CURR을 키로 해서 결합하면 됩니다.

```
1: application_train = \
2:     pd.merge(application_train, previous_loan_counts, on='SK_ID_CURR', how='left')
```

how='left'라는 매개변수를 지정한 것에 주목해 주세요. 매개변수로 전달한 Dataset 중에서 왼쪽의 것을 축으로 Dataset를 결합하라는 의미입니다.

만약 이를 지정하지 않으면 양쪽에 포함되어 있는 SK_ID_CURR Dataset만 리턴합니다. 여기에서 previous_loan_counts에는 과거 신청이 0회인 SK_ID_CURR은 포함되어 있지 않으므로 Dataset의 누락이 발생할 가능성이 있습니다.

application_train의 줄 수가 줄어든 것은 학습 전용 Dataset의 양을 유지한다는 관점에서 바람직하지 않습니다. application_test.csv를 다룰 때 예측해야 하는 Dataset에 결손이 발생하는 문제가 생길 수 있습니다.

오른쪽의 Dataset에 해당하는 값이 포함되지 않을 경우에는 결손값이 됩니다(그림 3.5). 이러한 결손값을 보완할 때는 그 의미를 고려해야 합니다. 현재 예제에서 발생하는 previous_loan_counts는 의미를 고려했을 때 0으로 보완하면 될 것입니다.

AY	AMT_REQ_CREDIT_BUREAU_WEEK	AMT_REQ_CREDIT_BUREAU_MON	AMT_REQ_CREDIT_BUREAU_QRT	AMT_REQ_CREDIT_BUREAU_YEAR	previous_loan_counts
1.0	0.0	0.0	0.0	1.0	8.0
1.0	0.0	0.0	0.0	0.0	4.0
1.0	0.0	0.0	0.0	0.0	2.0
iN	NaN	NaN	NaN	NaN	0.0
1.0	0.0	0.0	0.0	0.0	1.0

그림 3.5 application_train 내부의 결손값

```
1: application_train['previous_loan_counts'].fillna(0, inplace=True)
2: application_train.head()
```

이번 예제에서는 단순한 가설을 기반으로 특징량을 만들었지만, '최근 신청 이력에 더 큰 비중을 두어서 집계한다' 등의 다양한 관점으로 Dataset를 집약할 수도 있을 것입니다. 지금까지 살펴본 방식으로 여러 파일을 결합해서 머신러닝 알고리즘에 입력하기 위한 데이터를 준비할 수 있습니다.

기업에서 다루는 데이터는 기본적으로 여러 개의 테이블을 결합해서 사용해야 하는 경우가 많습니다. 데이터베이스 설계 이념으로 '정규화'라는 것이 있다 보니, 테이블은 어느 정도 작게 분할해서 사용하는 것이 좋다고 여겨지기 때문입니다.

'Home Credit Default Risk' Competition[58]도 테이블이 굉장히 많아서 귀찮다는 느낌이었습니다. 실무에서는 귀찮은 일이 더 많을까요?

귀찮음의 정도는 사내 데이터의 정리 상태에 따라서 달라지는 것 같습니다. 지금 회사는 데이터베이스 문서가 굉장히 잘 정리되어 있는 편이라서, SQL을 사용해서 누구나 데이터를 간단하게 수집할 수 있습니다.

캐글에서 여러 테이블을 다루는 것이 실무에서도 도움이 되나요?

저는 꽤 도움이 된다고 생각합니다. 캐글을 할수록 Pandas를 활용한 처리가 점점 빨라지는 것 같습니다. 또한 다양한 처리를 체험할 수 있어서, 업무에 적합하다 생각되는 새로운 방식을 채용해 볼 수도 있습니다.

저는 캐글에서 여러 Competition에 참가하다 보니, 가끔 주변에서 업무 의뢰가 옵니다. 특히 딥러닝 모델 개선 의뢰 등이 많이 오는데, 과거에는 캐글에서 사용했던 모델을 활용하는 것만으로도 원하는 성능에 쉽게 도달할 수 있었습니다. 이외에도 Competition의 경험을 공유하고, 데이터 모델링과 관련된 조언을 할 수도 있었습니다.

실무에서 캐글처럼 소수점 이하 몇 점을 두고 경쟁하는 경우는 거의 없습니다.
다만 캐글에서 얻은 여러 경험들은 저 자신에게 남아서 실무에서도 활용되는 것 같습니다.
최근 업무에서 신규 서비스 회의를 할 때, 회의에서 "머신러닝으로 ○○도 할 수 있지 않아?"라는 화제가 나왔을 때, 곧바로 만들어볼 수도 있었습니다. 캐글을 하다 보면 전처리를 어떻게 해야 하는지, 최근에는 어떤 머신러닝 알고리즘이 많이 사용되는지, 어떻게 성능을 검증해야 하는지, 머신러닝을 할 때 어떤 작은 어려움들이 도사리고 있는지 등을 미리 알 수 있는 것 같습니다.

---

58 Home Credit Default Risk
https://www.kaggle.com/c/home-credit-default-risk (Accessed: 15 February 2021)

이미지 데이터 다루기

캐글의 Competition에서 다루게 되는 데이터는 크게 다음과 같이 세 종류입니다.

- 테이블 데이터
- 이미지 데이터
- 텍스트 데이터

Titanic의 데이터는 테이블 데이터에 해당합니다. 다른 Competition에서는 이미지 데이터와 텍스트 데이터를 다루는 경우도 많습니다.

예를 들어서 'PetFinder.my Adoption Prediction'[59]처럼 세 종류 모두를 다루는 Competition도 존재합니다. 테이블 데이터로서 반려동물의 견종과 나이, 이미지 데이터로 반려동물의 사진, 텍스트 데이터로 반려동물의 설명 정보가 제공됩니다(그림 3.6).

이미지   텍스트   테이블

그림 3.6 **PetFinder.my Adoption Prediction이 제공하는 데이터**

이번 절에서는 이미지 데이터, 다음 절에서는 텍스트 데이터를 다루는 방법에 대해서 살펴보겠습니다. 다만 최근 급속하게 발전하고 있는 이미지 인식과 자연 언어 처리 분야를 이 책에서 모두 다루는 것은 불가능합니다.

따라서 이 책에서는 이미지 인식이나 자연 언어 처리와 관련된 내용은 간략히만 설명합니다. 이후에 스스로 각각의 내용을 추가로 공부하기 위한 발판이 될 수 있을 정도로만 알아보겠습니다.

---

59 PetFinder.my Adoption Prediction
   https://www.kaggle.com/c/petfinder-adoption-prediction (Accessed: 15 February 2021)

이미지 데이터를 다루는 Competition 개요

이번 절에서는 이미지 데이터를 다루는 Competition의 개요를 설명합니다. 간단하게 '이미지 Competition'이라고 표현하는 경우도 많습니다.

이미지 Competition에서는 이미지 인식 분야의 일반적인 과제가 출제되는 경우가 많습니다. 예로 분류, 검출, 세그먼테이션 등을 들 수 있습니다. 이 이외에도 'Adversarial Example'[60], 'Generative Adversarial Network(GAN)'[61] 등의 구체적인 기술에 특화되어 있는 Competition도 개최됩니다.

분류

분류 문제는 주어진 이미지를 기반으로 적절한 레이블을 붙이는 문제입니다. 가장 가능성이 높은 레이블을 출력하는 경우도 많지만, 레이블과 확률인 경우도 있습니다.

그림 3.7은 뉴럴 네트워크를 사용한 분류 문제의 예입니다. 왼쪽의 고양이 이미지 데이터를 받으면, 뉴럴 네트워크는 판정한 레이블과 확률을 출력합니다.

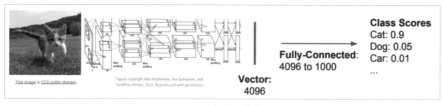

그림 3.7 **검출 문제 개요**
(이미지는 'CS231n: Convolutional Neural Networks for Visual Recognition'[62]의 강의 자료[63]에서 인용)

검출

검출 문제는 주어진 이미지 내부에 있는 물체의 위치와 레이블을 출력하는 문제입니다. 어느 정도의 정답률로 어떤 것을 검출하는지는 문제에 따라서 다릅니다. 그림 3.8은 'DOG', 'CAT'을 출력하지만, 개의 눈과 코 부분 등을 검출해야 하는 문제도 있습니다.

---

60 Adversarial Example
   https://arxiv.org/abs/1312.6199 (Accessed: 15 February 2021)
61 Generative Adversarial Network(GAN)
   https://arxiv.org/abs/1406.2661 (Accessed: 15 February 2021)
62 CS 231 n: Convolutional Neural Networks for Visual Recognition
   http://cs231n.stanford.edu/ (Accessed: 15 February 2021)
63 Lecture11: Detection and Segmentation
   http://cs231n.stanford.edu/slides/2018/cs231n_2018_lecture11.pdf (Accessed: 15 February 2021)

DOG, DOG, CAT

그림 3.8 검출 문제 개요
(이미지는 'CS231n: Convolutional Neural Networks for Visual Recognition[64]의 강의 자료[65]에서 인용)

세그먼테이션

세그먼테이션(Segmentation) 문제는 주어진 이미지를 여러 영역으로 칠해서 구분하는 문제입니다.

그림 3.9는 위에 있는 고양이와 소가 찍힌 사진을 기반으로, 아래처럼 영역과 레이블을 구분한 것입니다.

그림 3.9 세그먼테이션 문제 개요
(이미지는 'CS231n: Convolutional Neural Networks for Visual Recognition[61]의 강의 자료[62]에서 인용)

---

64 CS231n: Convolutional Neural Networks for Visual Recognition
http://cs231n.stanford.edu/ (Accessed: 15 February 2021)

65 Lecture 11: Detection and Segmentation
http://cs231n.stanford.edu/slides/2018/cs231n_2018_lecture11.pdf (Accessed: 15 February 2021)

Adversarial Example

2017년에는 'Neural Information Processing Systems(NeurIPS)[66]라는 유명한 국제 회의가 Adversarial Example을 주제로 Competition을 개최했습니다[67]. 이미지 Competition은 국제 회의에서 개최하는 경우가 많습니다.

Adversarial Example은 입력에 대해 사람이 탐지할 수 없는 작은 변경을 추가해서, 머신러닝 알고리즘의 출력이 잘못 나오게 만드는 것입니다. Competition은 출력을 틀어지게 하는 '공격측'과 출력을 제대로 만드는 머신러닝 알고리즘을 만드는 '방어측'이라는 2개의 부문으로 나뉘었습니다.

그림 3.10은 머신러닝 알고리즘이 'panda(팬더)'라고 정확하게 분류하고 있는 이미지에 노이즈를 추가해서, 'gibbon(긴 팔 원숭이)'로 잘못 나오게 만드는 예입니다.

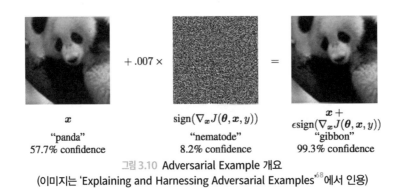

그림 3.10 Adversarial Example 개요
(이미지는 'Explaining and Harnessing Adversarial Examples[68]에서 인용)

GAN

2019년에는 새롭게 GAN을 주제로 하는 Competition도 개최되었습니다[69]. GAN은 이미지 생성기와 식별기라는 두 가지 종류의 뉴럴 네트워크를 조합해서 이미지를 생성해내는 기술입니다(그림 3.11). 해당 Competition은 GAN을 사용해서 사실적인 이미지를 생성할 수 있는지를 경쟁하는 문제였습니다.

---

66 Neural Information Processing Systems (NeurIPS)
   https://nips.cc/ (Accessed: 15 February 2021)
67 NIPS 2017: Non-targeted Adversarial Attack
   https://www.kaggle.com/c/nips-2017-non-targeted-adversarial-attack/ (Accessed: 15 February 2021)
68 Explaining and Harnessing Adversarial Examples
   https://arxiv.org/abs/1412.6572 (Accessed: 15 February 2021)
69 Generative Dog Images
   https://www.kaggle.com/c/generative-dog-images (Accessed: 15 February 2021)

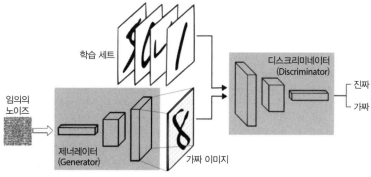

그림 3.11 GAN 개요

(이미지는 'An intuitive introduction to Generative Adversarial Networks(GANs)'[70]에서 인용)

GAN을 사용하지 않고 평가 지표만 최적화하려는 시도가 굉장히 많았습니다. GAN을 주제로 하는 문제에서는 다양한 문제들이 조금 많이 발생하는 편입니다.

3.2.2 테이블 데이터와 같은 부분, 다른 부분

이번 절에서는 지금까지 살펴보았던 테이블 데이터와 같은 부분과 다른 부분을 비교하면서 이미지 데이터의 특징을 알아보겠습니다.

일단 머신러닝의 지도 학습이라는 틀 안에 존재하는 이상, 학습 전용 Dataset의 특징량과 목적 변수를 기반으로 학습해서 미지의 Dataset를 판단한다는 점은 같습니다.

테이블 데이터와 마찬가지로 이미지도 숫자 데이터의 집합에 지나지 않는다는 것을 생각하면 유사한 부분을 쉽게 알 수 있을 것입니다.

다음은 PyTorch 튜토리얼 'TRAINING A CLASSIFIER'[71]에서 설명하는 이미지 데이터를 다루는 방식입니다.

```
1: import torch
2: import torchvision
3: import torchvision.transforms as transforms
4:
5:
```

---

70 An intuitive introduction to Generative Adversarial Networks (GANs)
    https://www.freecodecamp.org/news/an-intuitive-introduction-to-generative-adversarial-networks-gans-7a2264a81394/
    (Accessed: 15 February 2021)
71 TRAINING A CLASSIFIER
    https://pytorch.org/tutorials/beginner/blitz/cifar10_tutorial.html (Accessed: 15 February 2021)

```
 6: transform = transforms.Compose(
 7:     [transforms.ToTensor(),
 8:      transforms.Normalize((0.5, 0.5, 0.5), (0.5, 0.5, 0.5))])
 9:
10: trainset = torchvision.datasets.CIFAR10(root='./data', train=True,
11:                                         download=True, transform=transform)
12: trainloader = torch.utils.data.DataLoader(trainset, batch_size=4,
13:                                          shuffle=True, num_workers=2)
14:
15: testset = torchvision.datasets.CIFAR10(root='./data', train=False,
16:                                        download=True, transform=transform)
17: testloader = torch.utils.data.DataLoader(testset, batch_size=4,
18:                                          shuffle=False, num_workers=2)
```

일단 Dataset를 다운로드합니다. 참고로 Notebooks 환경을 사용하는 경우, 오른쪽 사이드바의 'Settings'에 있는 'Internet'을 On으로 해두어야 합니다(그림 3.12).

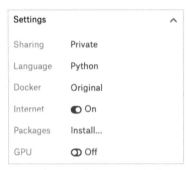

그림 3.12 'Internet'을 On으로 설정한 상태

이번에 사용하는 것은 'CIFAR10'[72]이라고 부르는 10가지 종류의 레이블이 붙어 있는 이미지 분류로 굉장히 유명한 Dataset입니다.

```
1: classes = ('plane', 'car', 'bird', 'cat',
2:            'deer', 'dog', 'frog', 'horse', 'ship', 'truck')
```

이미지를 출력해 보면 그림 3.13과 같습니다.

```
1: import matplotlib.pyplot as plt
2: import numpy as np
3:
4:
5: def imshow(img):
6:     img = img / 2 + 0.5
```

---

72 CIFAR10

https://www.cs.toronto.edu/~kriz/cifar.html (Accessed: 15 February 2021)

```
 7:     npimg = img.numpy()
 8:     plt.imshow(np.transpose(npimg, (1, 2, 0)))
 9:     plt.show()
10:
11:
12: dataiter = iter(trainloader)
13: images, labels = dataiter.next()
14:
15: imshow(torchvision.utils.make_grid(images))
16: print(' '.join('%5s' % classes[labels[j]] for j in range(4)))
```

그림 3.13 **CIFAR10 데이터**

batch_size=4로 되어 있으므로 images에는 네 가지 종류의 이미지 데이터가 배열 형식으로
포함되어 있습니다. 각각의 이미지는 가로 세로 32픽셀×32픽셀의 RGB값(세 가지 종류)로 되어
있습니다.

```
1: images.shape
```

```
torch.Size([4, 3, 32, 32])
```

이미지 한 장의 숫자 데이터가 Titanic에서의 테이블 한 줄과 같습니다.

```
1: images[0]
```

```
tensor([[[ 0.0824,  0.0510,  0.0510,  ...,  0.0745,  0.0745,  0.0902],
         [ 0.1137,  0.0745,  0.0588,  ...,  0.0980,  0.0980,  0.0980],
         [ 0.1294,  0.0902,  0.0745,  ...,  0.1137,  0.1059,  0.0980],
         ...,
         [-0.5686, -0.6000, -0.6157,  ...,  0.6549, -0.6549, -0.6314],
         [-0.5765, -0.6078, -0.6314,  ..., -0.6863, -0.7020, -0.6941],
         [-0.6000, -0.6235, -0.6549,  ..., -0.6941, -0.7020, -0.7098]],
        [[ 0.1137,  0.1059,  0.1216,  ...,  0.1294,  0.1294,  0.1216],
         [ 0.1373,  0.1137,  0.1216,  ...,  0.1373,  0.1373,  0.1294],
         [ 0.1373,  0.1137,  0.1216,  ...,  0.1373,  0.1294,  0.1216],
         ...,
         [-0.4745, -0.4824, -0.4902,  ..., -0.5294, -0.5373, -0.5137],
```

```
        [-0.4902, -0.4902, -0.4902,  ..., -0.5451, -0.5608, -0.5529],
        [-0.5059, -0.5059, -0.5137,  ..., -0.5529, -0.5608, -0.5686]],

       [[ 0.2078,  0.1922,  0.2000,  ...,  0.2157,  0.2157,  0.2157],
        [ 0.2157,  0.1843,  0.1922,  ...,  0.2078,  0.2157,  0.2078],
        [ 0.2078,  0.1843,  0.1843,  ...,  0.2078,  0.2000,  0.1922],
        ...,
        [-0.4510, -0.4745, -0.4824,  ..., -0.5294, -0.5294, -0.4980],
        [-0.4745, -0.4824, -0.4902,  ..., -0.5451, -0.5608, -0.5529],
        [-0.4902, -0.5059, -0.5137,  ..., -0.5529, -0.5608, -0.5686]]])
```

테이블 데이터와 이미지 데이터를 다룰 때 가장 차이가 나는 부분은 특징량 엔지니어링 부분 입니다.

전통적인 이미지 인식에서는 '이미지의 어떤 부분을 주목하고, 무엇을 특징으로 해야 하는가?' 라는 과정이 필요했습니다. 이와 관련된 특징량 추출 방법으로 국소 특징량 'SIFT'[73] 등이 유 명합니다. SIFT 등을 사용해서 이미지를 수치화하고, 로지스틱 회귀 등의 머신러닝 알고리즘 을 활용했습니다. 이러한 방법은 테이블 데이터에서 특징량을 만드는 과정과도 유사합니다.

다만 최근에는 뉴럴네트워크로 인해서, 이미지에서 특징량을 추출하는 부분을 뉴럴 네트워크 에게 맡기는 방법이 일반적입니다. 이 책에서 자세하게 다루지는 않겠지만, 이미지 Dataset를 그대로 입력으로 사용하면 뉴럴 네트워크의 높은 표현력을 기반으로 득징량을 쉽게 추출할 수 있습니다.

이러한 배경이 있다 보니, 이미지 Competition에서는 특징량 엔지니어링보다 뉴럴 네트워크 구조 설계에 주력하는 경우가 많습니다. 이와 관련된 내용은 캐글 Master인 phalnax의 참고 자료[74]를 참고해 보기 바랍니다.

이 이외에도 Dataset의 크기에도 차이가 있습니다. 예를 들어 Titanic의 'train.csv'는 61KB밖에 되지 않지만, 이미지 Competition은 Dataset의 크기가 10GB를 넘기는 경우도 많습니다. 머신 러닝 알고리즘에도 레이어가 많은 뉴럴 네트워크(딥러닝)을 사용하는 경우가 많다 보니, 계산 량이 굉장히 많아집니다. 그래서 계산을 위한 GPU가 필요한 경우가 많습니다.

이번 절에서는 PyTorch 튜토리얼에 있는 코드를 살펴보았습니다. 튜토리얼을 계속 살펴보면 딥 러닝 방법 중에 'Convolutional Neural Network(CNN)'를 GPU를 사용해 학습하고 예측하는 방법도 다룹니다. 흥미가 있다면 꼭 살펴보기 바랍니다.

---

73 Distinctive Image Features from Scale-Invariant Keypoints
    https://www.robots.ox.ac.uk/~vgg/research/affine/det_eval_files/lowe_ijcv2004.pdf (Accessed: 15 February 2021)
74 7th place solution & my approach to image data competition
    https://speakerdeck.com/phalanx/imet-7th-place-solution-and-my-approach-to-image-data-competition?slide=30

이미지 Competition이었던 'APTOS 2019 Blindness Detection'[75]에 참가했던 적이 있었습니다. 솔로로 참가해서 1500위 정도의 순위를 받아서 거의 실패했고, 공개되어 있는 Notebook에게도 졌습니다.

테이블 데이터와 비교해서 어떤 부분이 어려웠나요?

테이블 데이터와 다르게 한번 학습하는 데 걸리는 시간이 길므로, 시행착오를 반복할 수 있는 기회가 적다는 점이 가장 힘들었습니다. 또한, 논문 또는 최근 Competition 분석을 통해 최신 정보를 얻어야 하는 것도 어렵고 시간이 꽤 걸리는 일이었습니다.
Discussion에서 어떤 네트워크를 사용하면 좋은 점수가 나오는지 등의 정보가 있어서, 참고하여 공부했습니다. 그래도 어떻게 해도 좋은 점수가 잘 나오지 않아서 힘들었습니다. 네트워크의 세부적인 부분, 하이퍼파라미터 설정 등을 잘못해서 그랬던 것 같습니다.

이미지 Competition에서는 좋은 GPU가 필요한 것 같은데, 어떤 환경을 사용했나요?

집에 있는 GPU가 탑재된 컴퓨터와 Notebooks 환경의 GPU를 함께 사용했습니다. Competition 중간에 Notebooks 환경이 불안정하기도 했고, 1주 정도의 사용 시간 제한 등이 걸리는 것도 힘들었던 기억이 납니다. 이 Competition 이후에 클라우드로 GPU를 사용할 수 있는 환경을 구축하고, 클라우드를 메인으로 활용하고 있습니다.

이미지 Competition에서는 환경에 따라서 실제로 할 수 있는 일이 달라지기도 하네요.

그런 것 같습니다. 이미지 Competition 중에는 Notebooks 환경만으로 참가하기 힘든 Competition도 많고, 데이터 크기가 커서 평범한 환경에서는 데이터를 다루기 힘든 경우도 많습니다. 참가하고 싶은 Competition에 따라서 환경을 구축하거나, 자신의 환경에서 할 수 있는 Competition을 선택하는 등의 과정이 필요한 것 같습니다.

75 APTOS 2019 Blindness Detection
https://www.kaggle.com/c/aptos2019-blindness-detection (Accessed: 15 February 2021)

텍스트 데이터 다루기

이번 절에서는 텍스트를 다루는 방법을 소개하겠습니다.

3.3.1 텍스트 데이터를 다루는 Competition 개요

일단 텍스트 데이터를 다루는 Competition의 개요에 대해서 설명하겠습니다. 자연 언어 처리 (Natural Language Processing)을 주제로 하므로 'NLP Competition'이라고 표현하기도 합니다.

자연 언어 처리와 관련된 과제로 일반적으로 기계 번역, 분류, 문제 생성, 질문 응답 등이 있습니다. 2019년부터 2020년까지 개최되었던 'TensorFlow 2.0 Question Answering'[76]은 질문 응답이 주제였습니다.

최근 예로 'Quora Insincere Questions Classification'[77], 'Jigsaw Unintended Bias inToxicity Classification'[78]은 차별적인 요소를 포함하고 있는지 등을 확인해서 문장의 유해도를 측정하는 Competition이었습니다.

3.3.2 테이블 데이터와 비교

이번 절에서는 지금까지 살펴보았던 테이블 데이터를 다루는 Competition과 비교해서, 공통점과 차이점을 간략히 설명하겠습니다.

3.2절에서도 설명했던 것처럼 NLP Competition도 머신러닝 지도 학습을 하는 것이므로 기본 방식에 차이는 없습니다. 학습 전용 Dataset의 특징량이나 목적 변수의 대응 관계를 머신러닝 알고리즘으로 학습해서, 미지의 Dataset에 대해 좋은 성능을 내는 것이 목적입니다.

---

76 TensorFlow 2.0 Question Answering
    https://www.kaggle.com/c/tensorflow2-question-answering (Accessed: 15 February 2021)
77 Quora Insincere Questions Classification
    https://www.kaggle.com/c/quora-insincere-questions-classification/ (Accessed: 15 February 2021)
78 Jigsaw Unintended Bias in Toxicity Classification
    https://www.kaggle.com/c/jigsaw-unintended-bias-in-toxicity-classification (Accessed: 15 February 2021)

첫 번째 차이점은 문장은 머신러닝 알고리즘에 입력으로 곧바로 넣을 수 없다는 것입니다. 테이블 데이트의 특징량처럼 의미 있는 벡터로 만들어서 사용해야 합니다.

지금부터 텍스트 데이터를 다루는 방법을 간단하게 설명하겠습니다. 샘플 데이터로 다음 3개의 문장을 사용하겠습니다.

```
1: import pandas as pd
2:
3:
4: df = pd.DataFrame({'text': ['I like kaggle very much',
5:                             'I do not like kaggle',
6:                             'I do really love machine learning']})
```

이러한 문장을 곧바로 머신러닝 알고리즘의 입력으로 사용해도 상관없습니다. 하지만 문장의 특징을 어느 정도 확보하려면 벡터로 변환해서 사용해야 합니다.

Bag of Words

단순한 발상으로 문장에서 등장하는 단어의 수를 세는 방법이 있습니다. 이 방법을 'Bag of Words'라고 부릅니다.

```
1: from sklearn.feature_extraction.text import CountVectorizer
2:
3:
4: vectorizer = CountVectorizer(token_pattern=u'(?u)\\b\\w+\\b')
5: bag = vectorizer.fit_transform(df['text'])
6: bag.toarray()
```

```
array([[0, 1, 1, 0, 1, 0, 0, 1, 0, 0, 1],
       [1, 1, 1, 0, 1, 0, 0, 0, 1, 0, 0],
       [1, 1, 0, 1, 0, 1, 1, 0, 0, 1, 0]], dtype=int64)
```

array 내부에는 3개의 요소가 있습니다. 각각 문장을 나타냅니다. 첫 번째 요소는 [0, 1, 1, 0, 1, 0, 0, 1, 0, 0, 1]입니다. 이는 index가 1, 2, 4, 7, 10인 단어가 문장에 포함되어 있다는 의미입니다.

각 index에 대응되는 단어는 다음과 같이 확인할 수 있습니다. 예를 들어 index가 1인 i는 모든 문장에서 1로 되어 있으므로 등장하는 것을 의미합니다. index는 0부터 시작하므로 do와 혼동하지 말기 바랍니다.

```
1: vectorizer.vocabulary_
```

```
{'i': 1, 'like': 4, 'kaggle': 2, 'very': 10, 'much': 7, 'do': 0, 'not': 8,
'really': 9, 'love': 5, 'machine': 6, 'learning': 3}
```

Bag of Words는 쉽게 이해할 수 있는 방법이지만, 다음과 같은 약점이 있습니다.

1. 특별한 의미(이름 등)을 표현할 수 없다.
2. 단어끼리 얼마나 인접한지 고려할 수 없다.
3. 문장 내부에 단어 순서와 관련된 정보를 포함하지 않는다.

일단 첫 번째 약점의 원인을 살펴봅시다. 문장의 특징을 파악하기 위한 목적이라면 'I' 등의 일반적인 문장에 많이 등장하는 단어보다도 'Kaggle', 'machine learning' 등의 특징 단어를 중요하게 보는 것이 좋습니다. 하지만 이러한 처리를 하지 않습니다. 두 번째 약점은 'like'와 'love'라는 단어는 유사한 의미를 갖고 있지만, 완전하게 다른 단어로 다루기 때문에 발생합니다. 세 번째 약점은 문장을 단어로 분할해서 단어만 생각하므로 문장의 의미를 정확하게 파악하는 것이 어렵기 때문에 나타납니다.

TF-IDF

첫 번째 약점을 해결하기 위한 대책으로, 등장하는 단어의 희귀성을 고려하는 'TF-IDF'라는 방법이 있습니다. 'Term Frequency(단어의 등장 빈도)'를 세는 것뿐만 아니라, 'Inverse Document Frequency(문서 내부에서의 등장 횟수의 역수)'를 곱해서 사용하는 방법입니다.

```
 1: from sklearn.feature_extraction.text import CountVectorizer
 2: from sklearn.feature_extraction.text import TfidfTransformer
 3:
 4:
 5: vectorizer = CountVectorizer(token_pattern=u'(?u)\\b\\w+\\b')
 6: transformer = TfidfTransformer()
 7:
 8: tf = vectorizer.fit_transform(df['text'])
 9: tfidf = transformer.fit_transform(tf)
10: print(tfidf.toarray())
```

```
[[0.         0.31544415 0.40619178 0.         0.40619178 0.
  0.         0.53409337 0.         0.         0.53409337]
 [0.43306685 0.33631504 0.43306685 0.         0.43306685 0.
  0.         0.         0.56943086 0.         0.        ]
 [0.34261996 0.26607496 0.         0.45050407 0.         0.45050407
  0.45050407 0.         0.         0.45050407 0.        ]]
```

일단 index에 대응되는 단어가 다르지는 않습니다. 0보다 큰 값을 포함하는 요소의 index가 같은 것을 확인할 수 있습니다.

- Bag of Words: [0, 1, 1, 0, 1, 0, 0, 1, 0, 0, 1]
- TF-IDF: [0., 0.31544415, 0.40619178, 0., 0.40619178, 0., 0., 0.53409337, 0., 0., 0.53409337]

차이점은 Bag of Words는 0 또는 1이라는 값만 존재하지만, TF-IDF는 0~1 사이의 값이 존재한다는 점입니다.

TF-IDF에서 'I'는 0.1544415, 'kaggle'과 'like'는 0.40619178, 'very'와 'much'는 0.53409337이라는 값을 갖고 있습니다. 'I'는 3개의 문장 모두에서 등장하는 반면 'very'와 'much'는 1개의 문장에서만 등장하므로 단어의 희귀도에 따라서 큰 값이 나오는 것입니다.

Word2vec

이어서 Bag of Words의 두 번째 문제점이었던 '단어끼리 얼마나 인접한지 고려할 수 없다'를 해결하기 위한 목적으로는 단어들의 의미 유사도를 벡터로 만드는 방법을 사용합니다. 이를 'Word2vec'이라고 부릅니다.

예를 들어서 다음 코드처럼 학습합니다.

```
1: from gensim.models import word2vec
2:
3:
4: sentences = [d.split() for d in df['text']]
5: model = word2vec.Word2Vec(sentences, size=10, min_count=1, window=2, seed=7)
```

이렇게 학습을 완료하고 학습에 사용한 단어를 출력해 보면, 다음과 같이 벡터 형식으로 변환됩니다.

```
1: model.wv['like']
```

```
array([-0.01043484, -0.03806506,  0.01846329,  0.04698185,  0.02265111,
       -0.0275427 ,  0.00458471,  0.04774009,  0.01365959,  0.01941545], dtype=float32)
```

또한, 다음과 같이 학습에 사용한 단어 중에서 유사한 단어를 추출할 수 있습니다. 현재는 Dataset가 3개의 문장밖에 갖고 있지 않으므로 그렇게 유사한 단어를 출력하지는 않습니다.

```
1: model.wv.most_similar('like')
```

```
[('really', 0.3932609558105469),
 ('do', 0.34805530309677124),
 ('very', 0.29682281613349915),
 ('machine', 0.20769622921943665),
 ('learning', 0.08932216465473175),
 ('love', -0.035492151975631714),
 ('not', -0.13548487424850464),
 ('I', -0.2518322765827179),
 ('much', -0.40533819794654846),
 ('kaggle', -0.44660162925720215)]
```

이처럼 단어를 벡터화하면 문장을 머신러닝 알고리즘의 입력으로 사용할 수 있습니다. 구체적인 방법을 정리해 보면 다음과 같습니다.

1. 문장에 등장하는 단어 벡터의 평균을 구함
2. 문장에 등장하는 단어 벡터 각 요소의 최댓값을 구함
3. 각 단어를 시계열 데이터로 다룸

첫 번째는 굉장히 단순한 방법입니다. 현재 예의 경우는 5개의 단어로 평균을 계산합니다.

```
1: df['text'][0].split()
```

```
['I', 'like', 'kaggle', 'very', 'much']
```

```
1: import numpy as np
2:
3:
4: wordvec = np.array([model.wv[word] for word in df['text'][0].split()])
5: wordvec
```

```
array([[ 0.03103545, -0.01161594, -0.04156914,  0.0151331 , -0.02015941,
         0.02498668,  0.01226169, -0.01423238,  0.0299348 , -0.0235391 ],
       [-0.01043484, -0.03806506,  0.01846329,  0.04698185,  0.02265111,
        -0.0275427 ,  0.00458471,  0.04774009,  0.01365959,  0.01941545],
       [ 0.00562139,  0.04261161,  0.01942341,  0.02058475, -0.04178216,
         0.0483778 ,  0.02867676, -0.03482581,  0.00596862,  0.01260627],
       [-0.00546305,  0.04037713, -0.02587517,  0.02301916,  0.03183642,
        -0.0372007 ,  0.03839479,  0.01596523,  0.02796198,  0.01038733],
       [-0.01727871,  0.03896596, -0.01460331, -0.01620135,  0.01536224,
         0.02102943,  0.00892776,  0.00372602,  0.02321487, -0.01123929]], dtype=float32)
```

```
1: np.mean(wordvec, axis=0)
```

```
array([ 0.00069605,  0.01445474, -0.00883218,  0.0179035 ,  0.00158164,
        0.0059301 ,  0.01856914,  0.00367463,  0.02014797,  0.00152613], dtype=float32)
```

두 번째 방법은 평균이 아니라, 각 요소의 최댓값을 계산합니다. 이 방법은 'SWEM-max'[79] 등 으로 불립니다.

```
1: np.max(wordvec, axis=0)
```

```
array([0.03103545, 0.04261161, 0.01942341, 0.04698185, 0.03183642,
       0.0483778 , 0.03839479, 0.04774009, 0.0299348 , 0.01941545], dtype=float32)
```

세 번째 방법은 word2vec의 벡터를 그대로 시계열 입력으로 다루는 것입니다. Bag of Words 의 세 번째 문제점으로 언급한 '문장 내부에 단어 순서와 관련된 정보를 포함하지 않는다.'라 는 문제를 해결하는 방법 중 하나입니다.

최근 캐글의 NLP Competition에서는 머신러닝 알고리즘으로 시계열 속성을 다루는 'Recurrent Neural Network(RNN)' 등의 뉴럴 네트워크가 사용됩니다. 문장을 벡터화해서 머 신러닝 알고리즘으로 예측하는 일련의 흐름은 'Approaching (Almost) Any NLP Problem on Kaggle'[80]과 같은 Notebook에 잘 설명되어 있습니다.

최근 NLP Competition인 'Jigsaw Unintended Bias in Toxicity Classification'[81]에서는 범용 언 어 표현 모델인 'BERT'[82]를 사용한 해법이 두드러집니다. 이 Competition에서는 종료 1주일 전 에 공개된 'XLNet'[83]이라는 머신러닝 알고리즘도 사용되었습니다. NLP Competition은 테이블 데이터를 다루는 Competition에 비해서 이미지 Competition과 마찬가지로 최근 연구 동향들 이 적극적으로 사용됩니다.

---

79 Baseline Needs More Love: On Simple Word-Embedding-Based Models and Associated Pooling Mechanisms
    https://arxiv.org/abs/1805.09843 (Accessed: 15 February 2021)
80 Approaching (Almost) Any NLP Problem on Kaggle
    https://www.kaggle.com/abhishek/approaching-almost-any-nlp-problem-on-kaggle (Accessed: 15 February 2021)
81 Jigsaw Unintended Bias in Toxicity Classification
    https://www.kaggle.com/c/jigsaw-unintended-bias-in-toxicity-classification (Accessed: 15 February 2021)
82 BERT: Pre-training of Deep Bidirectional Transformers for Language Understanding
    https://arxiv.org/abs/1810.04805 (Accessed: 15 February 2021)
83 XLNet: Generalized Autoregressive Pretraining for Language Understanding
    https://arxiv.org/abs/1906.08237 (Accessed: 15 February 2021)

이전 예제에서는 Word2vec 학습에 사용한 Dataset가 3개의 문장밖에 없었으므로 단어의 의미를 충분하게 학습할 수 없었습니다. 이번에는 한국어 버전 Wikipedia를 학습한 모델을 예로 Word2vec의 성능을 확인해 봅시다. 다음 예는 《파이썬을 이용한 머신러닝, 딥러닝 실전 개발 입문(개정판)》(쿠지라 히코우즈쿠에 지음, 윤인성 옮김, 위키북스, 2019)에 나오는 예입니다.

다음 예는 파이썬을 검색했을 때, 비슷한 프로그래밍 언어들이 나오는 예입니다.

```
>>> model.most_similar(positive=["Python", "파이썬"])
[('Perl', 0.9213457107543945), ('Java', 0.906911313533783), ('Tcl', 0.905478835105896),
('MATLAB', 0.8736516237258911), ('Lisp', 0.869271457195282), ('자바스크립트',
0.8669256567955017), ('하스켈', 0.8633924126625061), ('JSP', 0.8586523532867432), ('IDL',
0.8562408685684204), ('CLI', 0.8507612943649292)]
```

'한국이 아니면서, 일본에서 서울과 같은 곳은 어디인가?'라는 질문도 곧바로 답하는 모습을 볼 수 있습니다.

```
>>> model.most_similar(positive=["서울", "일본"], negative=["한국"])[0:5]
[('도쿄', 0.6773518323898315), ('교토', 0.6354459524154663), ('오사카',
0.6219913363456726), ('서울특별시', 0.5624314546585083), ('후쿠오카', 0.55680251121521)]
```

'서울과 맛집에서 가까운 것'을 고르면 강남, 인사동, 서울특별시, 연희동, 압구정동 등이 나오는 모습을 볼 수 있습니다.

```
>>> model.most_similar(positive=["서울", "맛집"])[0:5]
[('강남', 0.6851245164871216), ('인사동', 0.640274167060852), ('서울특별시',
0.6207906603813171), ('연희동', 0.61704123020017212), ('압구정동', 0.6069210767745972)]
```

■ 저자들의 이야기 ⑫ — NLP Competition 체험 후기

 팀으로 참가했던 'Jigsaw Unintended Bias in Toxicity Classification'[84]에서 32위에 들어 갔던 적이 있습니다. 팀원들의 도움을 정말 많이 받았는데, 처음으로 NLP 공모전에서 은메 달을 따서 기뻤습니다.

NLP Competition에서 어려운 부분이 있었다면 이야기해 주세요.

 테이블 데이터를 다루는 Competition에 비해서 특징량 엔지니어링보다 뉴럴 네트워크 (Neural Network)의 하이퍼파라미터 조정에 주력한다는 점이 큰 차이였습니다.

제가 참가하지는 않았지만, BERT 등의 최신 기술들을 테스트해 볼 수 있는 신기술의 장이 라고 생각하며 보았었습니다.

 BERT는 2018년 10월에 구글이 발표한 꽤 최신 모델입니다. 이 내용이 Notebook으로 공 개되었기도 하지만, 거의 대부분의 상위팀이 BERT를 사용했습니다.
또한 여러 평가 지표에서 BERT를 넘었다고 평가받는 'XLNet'[85]를 사용한 팀도 있었습니다. XLNet은 2019년 6월 19일에 발표된 방법입니다. Competition 종료까지 일주일밖에 안 남 은 상황이었지만, 일부 팀은 이를 활용했습니다. 물론 이때는 컴퓨팅 자원의 제약이 심해서 XLNet을 사용한 방법이 상위권에 들지는 못했지만, 정말 신기술이 빠르게 적용되는 곳이라 는 생각을 하게 만들어 주었습니다.

u++ 씨는 업무에서도 NLP를 사용하는 경우가 꽤 있죠?

 그렇습니다. 일본어 텍스트 데이터를 다루는 경우가 많습니다. 캐글에서 다루는 주요 언어는 영어이므로 일본어로 변경해야 하지만, 큰 차이는 없다고 생각합니다. 캐글의 Discussion에서는 논문에 거의 실리지 않는 구현과 관련된 토론이 활발해서, 업무에 즉각 활용할 수 있는 공부가 가능하다고 생각합니다.

84 Jigsaw Unintended Bias in Toxicity Classification
https://www.kaggle.com/c/jigsaw-unintended-bias-in-toxicity-classification (Accessed: 15 February 2021)
85 XLNet: Generalized Autoregressive Pretraining for Language Understanding
https://arxiv.org/abs/1906.08237 (Accessed: 15 February 2021)

3장 정리

이번 장에서는 Titanic에서는 등장하지 않았던 캐글과 관련된 내용을 소개했습니다. 정리하면 다음과 같습니다. 이번 장이 이후에 직접 참가해 볼 Competition에 도움이 조금이라도 도움이 된다면 기쁘겠습니다.

- 테이블 데이터 Competition에서 여러 개의 테이블을 다루는 방법
- 이미지 Competition의 개요와 이미지 데이터를 다루는 방법
- NLP Competition의 개요와 텍스트 데이터를 다루는 방법

제 **4** 장

더 공부하려면

이번 장에서는 마지막으로 책을 모두 읽은 후에 필요할 수 있는 정보를 소개
하겠습니다. 참가할 만한 Competition 선택 방법, 초보자를 위한 도전 방법,
분석 환경과 관련된 정보, 추천 자료 등을 소개합니다.

참가할 Competition을 선택하는 방법

캐글은 항상 10~20개 정도의 Competition이 개최되고 있습니다.

참가할 Competition을 잘 선택해서, 캐글과 익숙해지는 과정도 사실 어려운 일입니다. 하지만 처음에 제일 어려운 것은 '그래서 어떤 Competition을 해야 좋을까?'라는 판단 기준을 잡는 것 자체도 어렵습니다.

이러한 판단 기준이 되는 항목을 간단하게 정리하면 다음과 같습니다. 이번 절에서는 이를 설명하고, 어떤 Competition을 선택하면 좋을지에 대해 살펴보겠습니다.

- 메달 여부
- Competition에서 다루는 데이터
- 개최 기간
- Code Competition

4.1.1 메달 여부

메달을 얻을 수 있는지 여부는 참가할 Competition을 선택할 때 굉장히 중요한 포인트입니다.

Titanic과 같은 튜토리얼 전용 Competition처럼 개최되고 있는데도 메달을 획득할 수 없는 Competition도 존재합니다. 일반적으로 메달을 획득할 수 있는 Competition일수록 참가자들의 수준이 높고, 참가자 수도 많습니다.

메달을 획득할 수 있는 Competition인지는 Competition의 Overview 페이지 아래에 있는 'Tiers'에서 확인할 수 있습니다(그림 4.1, 그림 4.2).

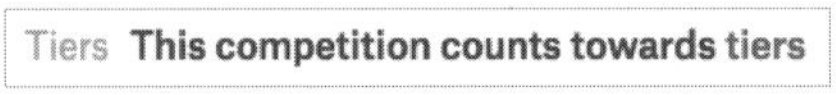

Tiers **This competition counts towards tiers**

그림 4.1 메달이 제공되는 경우의 표시

Tiers **This competition does not count towards tiers**

그림 4.2 메달이 제공되지 않는 경우의 표시

4.1.2 Competition에서 다루는 데이터

자신이 다뤄보고 싶은 종류의 데이터를 기반으로 선택하는 것도 좋습니다. 3장에서 설명한 것처럼 캐글의 Competition에서 다루는 데이터는 크게 다음과 같은 세 가지 종류입니다.

- 테이블 데이터
- 이미지 데이터
- 텍스트 데이터

이외에도 동영상 데이터, 음성 데이터를 주제로 하는 경우도 있습니다.

대부분의 Competition에는 다음과 같은 태그가 붙어 있습니다. 표 4.1에 적힌 것처럼 이러한 태그를 기반으로 데이터를 알 수 있습니다. 태그가 붙어 있지 않은 Competition은 Overview와 Data 등을 보면 데이터를 확인할 수 있습니다.

표 4.1 **Competition에 붙어 있는 데이터 관련 태그**

다루는 데이터의 종류	태그
테이블 데이터	tabular data
이미지 데이터	image data
텍스트 데이터	nlp, text data
동영상 데이터	video
음성 데이터	sound, audio data

4.1.3 개최 기간

Competition의 일반적인 개최 기간은 2~3개월 정도입니다.

처음 참가한다면 이미 개최 기간이 어느 정도 지난 Competition에 참가해 보기 바랍니다. 대략 종료까지 대략 몇 주에서 1개월 정도 남은 것을 추천합니다.

개최가 일정 시간 지난 경우 Notebooks, Discussion 등에 정보가 모여 있는 상태일 것입니다.

또한, Vote 수와 댓글 수를 기반으로 좋은 정보를 쉽게 파악할 수 있습니다. 따라서 공개되어 있는 정보를 참고로 모델을 만들어 보고, 조금씩 개선해 나갈 수 있습니다.

처음부터 바로 시작하는 Competition에 참가하면 스스로 사용할 수 있는 분석 방법이 적은 상태일 것이므로 Competition의 전체적인 느낌을 파악하기도 힘들고, 기간이 너무 길다고 느껴서 중간부터 불안하고 질릴 것입니다. 종료가 임박한 Competition에 참가하면 마감이 가깝다는 생각도 들고, Competition 종료까지 어떻게든 해볼 수 있겠다 여겨지는 장점도 있습니다.

Competition 종료 때는 최종 경과를 보는 재미도 있고, 상위 랭크의 사람들이 공개한 답을 보면서 공부할 수도 있습니다. 캐글의 매력을 한번 느껴보자는 의미에서 종료가 가까운 Competition에 참가할 것을 추천합니다.

4.1.4 Code Competition

Code Competition은 Notebooks 환경을 사용해서 submit해야 하는 Competition입니다. 이러한 Competition의 규칙은 크게 구분해 보면 다음과 같은 두 가지로 구분할 수 있습니다.

- 특징량 작성, 학습, 테스트 데이터 예측 등을 모두 하나의 Notebook에 작성해야 하는 Competition
- 테스트 데이터를 예측 처리를 Notebook으로 작성해야 하며, 특징량 작성과 학습은 Notebook 이외의 부분에서 해도 되는 Competition

전자는 학습을 포함한 모든 처리에 하나의 Notebook을 사용해야 합니다. 환경에 따라서 차이가 나기 어려운 규칙이라고 할 수 있습니다.

후자는 어디에서나 학습을 해도 되는 경우입니다. Notebooks 환경 또는 자신의 컴퓨터에서 만든 학습을 완료한 모델을 캐글의 Datasets에 업로드하고, 이를 Notebook에서 읽어 들여서 테스트 데이터를 예측할 수 있습니다.

Code Competition은 Overview에 'Notebook Requirements' 또는 'Code Requirements' 등으로 확인할 수 있습니다. CPU, 인터넷 사용 가능 여부, 실행 시간 제한 등의 규칙들이 자세하게 적혀 있으므로 꼭 확인하기 바랍니다.

4.2

초보자를 위한 도전 방법

이번 절에서는 초보자를 위한 도전 방법을 설명하겠습니다.

순서를 미리 정리해 보면 다음과 같습니다.

1. 개요와 규칙 확인하기
2. 데이터 확인하기
3. 벤치마크 만들기
4. 벤치마크 개선하기
5. 앙상블 등으로 상위 랭킹을 노리기

> **NOTE** 캐글 랭킹 1위의 도전 방법
>
> Competition 도전 방법과 관련해서 'Profiling Top Kagglers: Bestfitting, Currently #1 in the World'라는 현재 캐글 랭킹 1위의 인터뷰 기사를 참고해 보기 바랍니다.
>
> https://medium.com/kaggle-blog/profiling-top-kagglers-bestfitting-currently-1-in-the-world-58cc0e187b

4.2.1 개요와 규칙 확인하기

일단 Competition이 개최되는 목적, 해결하고 싶은 과제를 이해해야 합니다.

Competition은 일반적으로 데이터를 제공하는 기업들이 스스로 해결하기 어려운 어떤 문제에 대한 해법을 구하기 위해 개최합니다. 따라서 이처럼 어려운 문제를 해결하려면 문제를 확실히 이해하고서 시작해야 합니다.

우선 Overview의 Description을 읽고, Competition의 목적을 확인합니다. Discussion에 데이터를 제공하는 기업이 제공하는 추가 정보가 존재하는 경우도 있습니다.

평가 지표를 이해하는 것도 중요합니다. Competition별로 평가 지표가 다릅니다. 각각의 Competition의 평가 지표에 맞는 모델을 만드는 것이 중요합니다.

4.2.2 데이터 확인하기

Competition이 개최되는 목적과 평가 지표를 이해했다면 이어서 어떤 데이터를 활용하는지 확인합니다.

데이터를 확인하는 작업은 Competition 기간에 걸쳐서 계속해서 다양한 각도로 확인해야만 하는 끝없는 작업입니다. 일단 스스로 코드를 작성해서 데이터를 확인해 보거나, 다른 참가자들이 공개한 Notebook을 보고서 데이터의 기본적인 느낌을 파악하도록 합시다.

공개 Notebook을 읽을 때는 오른쪽의 풀다운에서 'Most Votes'로 정렬하고 살펴보는 것을 추천합니다(그림 4.3).

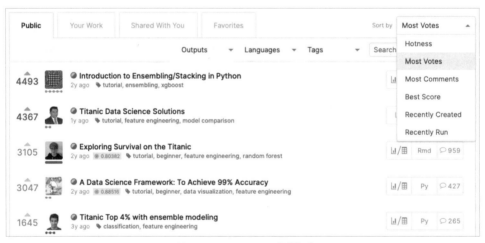

그림 4.3 **Most Votes로 정렬한 예**

특히 'tutorial', 'eda', 'beginner' 등의 태그가 붙어 있는 Notebook은 Competition의 데이터를 자세하게 설명해 주는 경우가 많으므로 꼭 읽어 보는 것이 좋습니다.

캐글에 익숙하지 않다면 Notebook을 읽는 것만으로도 시간이 너무 오래 걸려 더욱 힘들게 느껴질 수 있습니다. 하지만 Notebook 하나만 잘 파악하면 다른 Notebook에도 비슷한 내용이 많아서, 읽는 시간이 점점 빨라질 것입니다. 누구나 처음에는 시간이 걸립니다. 소스 코드를 차근히 돌려 보면서 Notebook을 읽어 나가기 바랍니다.

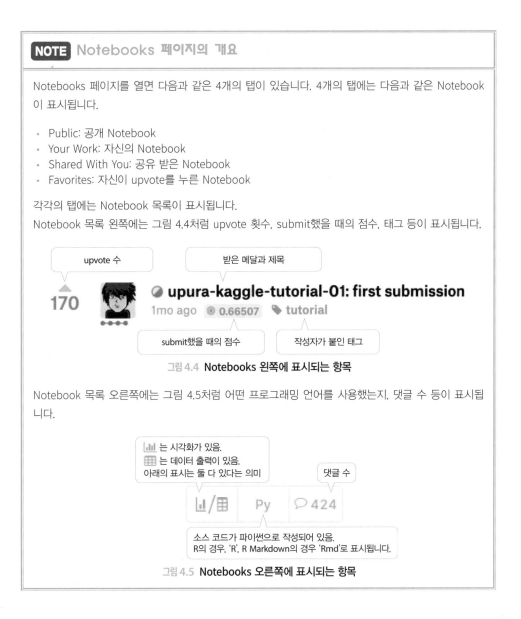

NOTE Notebooks 페이지의 개요

Notebooks 페이지를 열면 다음과 같은 4개의 탭이 있습니다. 4개의 탭에는 다음과 같은 Notebook이 표시됩니다.

- Public: 공개 Notebook
- Your Work: 자신의 Notebook
- Shared With You: 공유 받은 Notebook
- Favorites: 자신이 upvote를 누른 Notebook

각각의 탭에는 Notebook 목록이 표시됩니다.

Notebook 목록 왼쪽에는 그림 4.4처럼 upvote 횟수, submit했을 때의 점수, 태그 등이 표시됩니다.

upvote 수

받은 메달과 제목

170

⊘ **upura-kaggle-tutorial-01: first submission**

1mo ago ◎ 0.66507 🏷 tutorial

submit했을 때의 점수

작성자가 붙인 태그

그림 4.4 **Notebooks 왼쪽에 표시되는 항목**

Notebook 목록 오른쪽에는 그림 4.5처럼 어떤 프로그래밍 언어를 사용했는지, 댓글 수 등이 표시됩니다.

📊 는 시각화가 있음.
🗓 는 데이터 출력이 있음.
아래의 표시는 둘 다 있다는 의미

댓글 수

📊/🗓 Py 💬 424

소스 코드가 파이썬으로 작성되어 있음.
R의 경우, 'R', R Markdown의 경우 'Rmd'로 표시됩니다.

그림 4.5 **Notebooks 오른쪽에 표시되는 항목**

4.2.3 벤치마크 만들기

이해한 데이터를 기반으로, 벤치마크가 될 모델을 만듭니다. 어떻게 Dataset를 분할해서 테스트 Dataset를 구축할지, 어떤 머신러닝 알고리즘을 사용할지 등을 생각해야 합니다.

처음부터 벤치마크를 직접 만드는 것은 초보자에게는 힘든 일입니다. 따라서 공개되어 있는 Notebook을 참고하는 것이 좋습니다.

'Best Score'로 노트를 정렬하면 submit했을 때의 점수가 높은 순서로 정렬됩니다(그림 4.6).

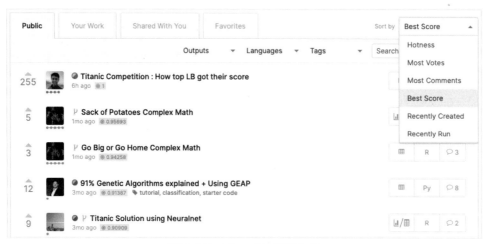

그림 4.6 **Best Score로 정렬한 노트**

제목, 태그, 점수 등을 참고해서 여러 개의 Notebook을 살펴보기 바랍니다. 그리고 마음에 드는 Notebook을 그대로 사용해서 시작하거나, 이를 벤치마크로서 활용합니다.

복잡한 Notebook과 앙상블이 이미 되어 있는 Notebook은 추가 개선이 힘듭니다. 따라서 간단한 Notebook을 선택하는 것이 좋습니다.

4.2.4 벤치마크 개선하기

벤치마크가 만들어졌다면 Discussion과 Notebooks 등을 참고해서 특징량을 추가하는 등의 개선을 시작합니다.

개선을 했다고 생각했는데도, 점수가 크게 변화하지 않는 경우도 많을 것입니다. 점수가 오르지 않는다고 포기하지 말고, 계속해서 가설을 검증하고 시행착오를 거듭하도록 합시다.

이때 CV 점수와 Public LB 점수를 모두 확인하는 것이 좋습니다. Private LB 점수를 좋게 만드는 것을 최종 목표로 삼고 계속해서 개선합니다.

Discussion에서는 CSV 점수와 Public LB 점수에 대해서 활발한 논의가 벌어집니다. 이러한 방법으로 만든 테스트 전용 Dataset가 좋은지, Public LB 점수를 어느 정도로 신뢰할 수 있는지 등의 여러 가지 논의가 계속해서 벌어집니다.

예를 들어서 다음과 같은 관점이 있습니다.

- Public LB와 Private LB의 분할에 편중이 있지는 않은가?
- CV 점수가 오른다면 Public LB 점수도 함께 오르는 상관관계가 성립하는가?

Public LB와 Private LB가 거의 균등하고, CV 점수와 Public LB 점수에 상관관계가 있다면, CV 점수를 보면서 개선을 진행하고 submit을 반복하는 형태가 좋습니다. Public LB와 Private LB의 데이터 분할에 편중이 있다면, Private LB의 분포를 예상해서 테스트 전용 Dataset를 만들기도 합니다.

벤치마크가 개선되었는지 아닌지 평가하는 모델의 기준은 Dataset와 문제의 설계에 크게 의존합니다. 따라서 Competition 도중에 100% 신뢰하는 상태로 평가할 수는 없습니다. 그래도 Discussion을 참고하면서 최대한 신뢰할 수 있는 점수를 찾아 나가도록 합시다.

효율적으로 진행하려면 다음과 같은 사항들을 지켜보면 좋습니다.

- (데이터 크기가 큰 경우에는 특히) 특징량을 여러 번 만들지 말고, 한번 만든 특징량은 저장해서 이후에 사용한다.
- 여러 번 실행하는 처리는 모듈로 만들어 둔다.
- 실험했던 내용과 결과를 정리해 두어서, 이후에 다시 볼 수 있게 한다.
- 과거의 Competition에서 사용한 소스 코드를 정리해 둔다.

> **NOTE** Discussion 페이지 개요
>
> Discussion은 참가자가 Competition과 관련된 분석 방법 등을 토론하는 공간입니다. Notebooks와 다르게 Discussion은 upvote뿐만 아니라 downvote(싫어요)도 있습니다. 왼쪽에 있는 숫자는 'upvote_수 – downvote_수'를 나타내며, 오른쪽에는 주석 수가 표시됩니다(그림 4.7).
>
>
>
> 그림 4.7 Discussion 페이지

4.2.5 앙상블 등으로 상위 랭킹을 노리기

Competition 후반부에는 앙상블로 점수를 높이는 것을 목표로 합니다.

앙상블을 사용해 보지 않았다면 앙상블 자체가 굉장히 어렵게 들릴 수도 있겠습니다. seed를 변경해서 여러 예측 경과를 만들고, 이러한 것들의 평균을 내는 것도 꽤 효과가 있습니다. 이는 'Seed Averaging'라고 부르는 간단한 앙상블 방법입니다. 한번 시도해 보기 바랍니다.

하이퍼파라미터 조정을 사용하는 방법도 있습니다.

"하이퍼파라미터는 특징량을 만들 때마다 조정해서 submit해야 하나요?"라는 질문을 받은 적이 있습니다. 사실 그럴 필요까지는 없습니다. 하이퍼파라미터 조정에도 시간이 꽤 걸리며, 상대적으로 특징량 엔지니어링과 비교했을 때 효과가 그리 크지 않기 때문입니다. 파라미터 조정에 시간이 걸린다면 다른 본질적인 것들에 다른 본질적인 것들을 먼저 하고, 이후에 한번 정도만 해서 시간을 효율적으로 사용하는 것이 좋습니다.

4.3

분석 환경 선택 방법

Competition에 참가할 때 '캐글의 Notebooks 환경만을 사용해도 되는지', '로컬 환경(자신의 컴퓨터) 또는 클라우드를 사용해야 하는지' 등의 질문을 굉장히 많이 받습니다.

일단 처음에는 곧바로 사용해 볼 수 있는 Notebooks 환경으로 Competition에 참가해 보는 것이 좋습니다. Notebooks 환경만으로 금메달을 획득한 팀도 많습니다. 데이터 크기가 큰 일부 Competition을 제외하면 대부분 Notebooks 환경에서도 충분히 참가할 수 있습니다.

Notebooks 환경을 사용하다가 데이터 크기가 커서 다루기 어렵거나, 계산이 너무 오래 걸리는 등의 지장이 있을 때, 로컬 환경을 사용하거나 클라우드를 검토해 보는 것이 좋습니다.

이번 절에서는 각 환경의 장점과 단점을 설명하겠습니다.

4.3.1 캐글 Notebook 환경의 장점과 단점

캐글의 Notebooks 환경의 장점은 따로 환경을 구축하지 않아도 된다는 것입니다. 브라우저를 사용할 수 있는 환경이라면 곧바로 시작할 수 있으며, GPU도 사용할 수 있습니다.

프로그래밍 초보자라면 환경을 구축하는 데도 굉장히 많은 시간이 들어갑니다. Notebooks 환경의 경우, 곧바로 사용할 수 있다는 것 자체가 굉장히 큰 장점입니다.

단점은 사용할 수 있는 메모리와 디스크 크기에 제한이 있다는 것입니다. 따라서 일부 데이터 크기가 큰 이미지 Competition 등은 Notebooks 환경으로 진행하기 힘듭니다.

동시에 실행할 수 있는 Notebook 수에도 제한이 있으며, 그 수 이상으로 Notebook을 실행하면 계산이 이루어지지 않습니다.

4.3.2 로컬 환경의 장점과 단점

로컬 환경(자신의 컴퓨터)의 장점은 환경을 자유롭게 만들어서 구축할 수 있다는 점입니다. 클라우드와 비교해서 사용 금액을 신경 쓰지 않아도 되고, 시행착오를 계속 반복할 수 있다는 장점도 있습니다.

Notebooks 환경에 불만이 있는 경우에는 일단 컴퓨터를 새로 구입하는 선택지를 이용하는 것이 좋습니다. 환경 구축이 간단하지는 않지만, 아무것도 모르는 초보자가 클라우드를 사용하는 것보다는 그냥 컴퓨터를 한 대 맞추는 것이 더 쉽습니다.

저자도 초보자일 때 컴퓨터를 구입하고, 인터넷을 보면서 정보를 수집해서 환경을 구축했습니다. 단점은 구입 비용이 발생합니다.

> **NOTE** **저자의 컴퓨터**
>
> 저자는 2018년 여름에 다음과 같은 컴퓨터를 구입해서 사용하고 있습니다.
>
> - OS: Ubuntu 16.04LTS
> - CPU: Corei7-8700
> - 메모리: 16GBx4
> - GPU: GTX1080Ti
> - HDD: 2TB
> - 가격: 약 360만원
>
> 제가 부품을 하나하나 고른 것은 아니고, 딥러닝으로 판매되고 있길래 구입했습니다. 이 컴퓨터로 테이블 데이터 Competition, 이미지 데이터 Competition 등에 참여하고 있습니다.
> 우분투(Ubuntu)로 컴퓨터를 사용하는 것은 처음이었지만, macOS와 거의 비슷해서 별 문제없이 적응했습니다.

4.3.3 클라우드의 장점과 단점

'클라우드'는 인터넷을 통해서 CPU와 GPU 등의 여러 실행 환경을 받아서 사용하는 서비스입니다. Google Cloud Platform(GCP)나 Amazon Web Services(AWS) 등이 많이 사용됩니다.

클라우드의 장점은 필요에 따라서 원하는 만큼의 자원을 받을 수 있다는 것입니다.

반면, 단점은 클라우드 환경 구축과 사용에 익숙해지는 데 비용이 듭니다. 이때의 비용은 사용 방법을 배우는 시간 등을 의미합니다.

저는 클라우드를 사용하는 경우, 가격이 저렴한 GCP를 사용하는 편입니다. GCP의 사용 방법과 관련된 내용을 설명하는 것은 이 책의 주제를 벗어나는 내용이므로 이 책에서는 설명하지 않겠습니다. 관심이 있다면 GCP와 관련된 내용을 찾아보기 바랍니다.

4장 정리

이번 장에서는 책을 모두 읽은 뒤에 필요할 수 있는 정보를 소개했습니다. 정리하면 다음과 같습니다. 이번 장의 정보를 발판 삼아서, 반드시 직접 여러 Competition에 도전해 보기 바랍니다.

- 참가할 만한 Competition 선택 방법
- 초보자를 위한 도전 방법
- 분석 환경 예
- 추천 자료, 문헌, 링크

캐글 Master가 되고 상금도 받았지만, 캐글에서 배울 수 있는 것들은 끝이 없는 것 같습니다. 오히려 캐글을 진행하면 할수록, 세상에는 내가 모르는 것이 정말 많다는 것을 실감하고 있습니다.

'내가 모르는 것이 정말 많다'는 것은 저도 항상 느낍니다. 캐글의 본질 자체가 모르는 것을 서로 배워 가는 것이라는 생각마저 듭니다.

Competition마다 새로운 것을 배울 수 있다는 점은 참 멋진 것 같습니다. 아직 이미지 Competition은 참가하지 않았지만, 이것도 꼭 도전해 보고 싶습니다.

저는 캐글에서 시간을 꽤 보내는 편인데, 시간이 부족해서 일도 게임도 그만두고 지금은 캐글만 하고 있습니다(웃음). 일과 학업이 있는 다른 분들은 어떻게 시간을 보내는지 궁금합니다.

저는 주로 잠자는 시간을 줄이는 경우가 많은 것 같습니다.

그런 열정이 캐글에서 가장 중요하다고 생각합니다. 열정이 있으면 공부도 하고, 다양한 실험도 해볼 수 있어서 실력이 금세 따라온다고 생각합니다.

모델을 전부 테스트해 보는 열정이 참 중요한 것 같습니다. 물론 실제로 효과가 있는지는 애매하지만, 가설을 세우고 계속해 보는 것이 캐글에서 상위권에 드는 핵심 비결인 것 같습니다.

u++ 씨는 앞으로 캐글에서 이루고 싶은 목표가 있나요?

일단 솔로 금메달을 받고 싶습니다. 그리고 Competition뿐만 아니라 Notebooks와 Discussion에서도 캐글 Master를 받고 싶습니다.

저는 일단 캐글 Master가 되는 것이 목표입니다. 그리고 Competition을 기획하는 것 자체에도 관심이 있습니다.

그거 흥미롭네요. 저는 2019년 12월에 'Kaggle Days Tokyo'라는 이벤트 주최에 참여했습니다. 단순 참가와는 또 다른 재미가 있었던 것 같습니다. 캐글을 통해 다양한 가능성을 볼 수 있었던 기회였습니다.

저도 1~2년 전에는 머신러닝 초보자였지만 캐글 커뮤니티에 계속 참여하면서 실력도 늘었고, 책을 쓸 기회도 생기고, 동료도 구할 수 있었습니다. 때문에 캐글 커뮤니티에 굉장히 고마움을 느낍니다.

 모두가 캐글에 재미를 느끼지는 않겠지만, 빠져드는 사람이 분명 있을 것입니다. 조금이라도 관심이 있다면 직접 참여해 보기 바랍니다.

분명 재미있을 것입니다!

부 **A** 록

샘플 코드에 대한 자세한 설명

이번 부록에서는 이 책의 샘플 코드를 자세하게 설명합니다. 파이썬을 처음 공부한다고 가정하고, 변수와 리스트 등의 기초적인 내용부터 차근차근 설명합니다. 최대한 이해하기 쉽도록 일부 Notebook 내부의 셀을 분할하거나 결합한 경우도 있습니다. 이전에 이미 설명한 내용과 중복되는 내용은 설명을 생략했습니다.

이 장의 내용

A.1

2장 Titanic 문제

A.1.1 2.1 일단 submit해 보기!

이번 절의 내용은 코드 설명 중복이 있으므로 생략합니다.

A.1.2 2.2 전체적인 흐름 파악하기: submit까지의 처리 흐름 살펴보기

해당 절에서는 데이터를 읽어 들이는 부분부터 머신러닝 모델 학습과 예측, submit하는 부분까지의 흐름을 소개했습니다.

처리 흐름을 간단하게 정리해 보면 다음과 같습니다.

1. 패키지를 읽어 들입니다.
2. 데이터를 읽어 들입니다.
3. 특징량 엔지니어링
4. 머신러닝 알고리즘 학습과 예측
5. submit

패키지 읽어 들이기

```
1: import numpy as np
2: import pandas as pd
```

일단 이후 처리에 사용할 '패키지'를 import합니다. 패키지를 import하면 다양한 기능을 확장해서 사용할 수 있습니다. import 패키지_이름 형태의 문장으로 패키지를 읽어 들입니다. 이렇게 패키지를 읽어 들이는 것을 'import한다'고 표현하기도 합니다.

두 패키지는 굉장히 자주 사용되므로 np와 pd라는 짧은 별칭을 붙여서 import하는 것이 일반적입니다.

데이터 읽어 들이기

```
1: train = pd.read_csv('../input/titanic/train.csv')
2: test = pd.read_csv('../input/titanic/test.csv')
3: gender_submission = pd.read_csv('../input/titanic/gender_submission.csv')
```

Dataset를 읽어 들입니다. Pandas에 포함되어 있는 read_csv()를 사용합니다. 읽어 들이고 싶은 파일의 경로를 지정하면, Dataset를 pandas.DataFrame이라는 형식으로 읽어 들입니다. 괄호 내부에 주어진 값을 매개변수라고 부릅니다.

일반적으로 프로그래밍에서 '='는 할당(대입)을 의미합니다. 예를 들어서 첫 번째 줄은 train이라는 변수 내부에 pd.read_csv()로 읽어 들인 결과를 저장한다는 의미입니다.

```
1: gender_submission.head()
```

pandas.DataFrame.head()는 pandas.DataFrame의 위에 있는 몇 개의 행에 있는 내용을 반환합니다. 여기서 출력하고 싶은 행의 수를 매개변수로 지정할 수 있습니다. 따로 지정하지 않으면 5개의 행을 출력합니다.

```
1: data = pd.concat([train, test], sort=False)
```

train과 test를 한번에 처리할 수 있게, 결합해서 data라는 새로운 pandas.DataFrame을 만듭니다.

pandas.concat()은 첫 번째 매개변수로 결합하고 싶은 pandas.DataFrame을 리스트로 전달합니다. 리스트란 여러 개의 데이터를 한번에 다룰 수 있는 상자로서, [] 내부에 여러 개의 데이터를 입력하고, 쉼표(,)로 구분합니다. sort=False로 지정하면 결합한 pandas.DataFrame을 따로 정렬하지 않습니다.

```
1: data.isnull().sum()
```

data 내부의 각 열에 있는 결손값의 수를 계산합니다. pandas.DataFrame.isnull()은 요소 중에서 결손값인 것을 불 값으로 변경합니다. pandas.DataFrame.sum()은 열 방향으로 모든 값을 더합니다. isnull()로 인해 존재하는 것은 불 값이 0, 존재하지 않는 것은 불 값이 1로 나오므로 이렇게 하면 결손된 값이 몇 개인지 알 수 있습니다.

특징량 엔지니어링

```
1: data['Sex'].replace(['male', 'female'], [0, 1], inplace=True)
```

여기서는 pandas.Series.replace()를 사용해서 값을 변경합니다. Sex의 male을 0으로, female을 1로 변경합니다.

첫 번째 매개변수로 변경 전, 두 번째 매개변수로 변경 후의 값을 리스트 형태로 전달합니다. 현재 코드에서는 ['male', 'female']과 [0, 1]이라고 지정했습니다. inplace=True를 지정하면 pandas.DataFrame 자체를 변경합니다.

pandas.Series는 pandasDataFrame 내부의 열 하나를 나타내는 자료형입니다. 여러 개의 pandas.Series가 열 방향으로 결합해서, pandas.DataFrame을 만들 수도 있습니다.

```
1: data['Embarked'].fillna('S', inplace=True)
2: data['Embarked'] = \
3:     data['Embarked'].map({'S': 0, 'C': 1, 'Q': 2}).astype(int)
```

Embarked의 결손값을 보완한 후에 문자를 숫자로 변경합니다.

pandas.Series.fillna()는 첫 번째 매개변수로 결손값을 보완할 값을 지정해서, 결손값을 보완합니다. 코드에서는 결손값을 S로 보완하게 했습니다.

다음 줄에서는 pandas.Series.map()을 사용해서 S를 0, C를 1, Q를 2로 변경합니다.

이는 pandas.Series.replace()와 비슷한 처리를 합니다. 다만 pandas.Series.map()은 원본 데이터에 변환을 지정하지 않은 값이 있을 경우, 이를 np.nan(결손값)으로 변경합니다. pandas.Series.replace()는 변환을 지정하지 않은 값은 그대로 둡니다.

```
1: data['Fare'].fillna(np.mean(data['Fare']), inplace=True)
```

이번에는 Fare의 결손값을 보완합니다. 보완할 값을 np.mean(data['Fare'])로 지정했으므로 Fare의 평균 값으로 보완됩니다.

```
1: age_avg = data['Age'].mean()
2: age_std = data['Age'].std()
3: data['Age'].fillna(np.random.randint(age_avg - age_std, age_avg + age_std), inplace=True)
```

이번에는 Age의 결손값을 보완합니다.

보완하는 값이 약간 복잡한데, Age의 평균값과 표준 편차를 기반으로 랜덤한 숫자를 만들어서 결정합니다. randint()의 매개변수는 '평균값 – 표준_편차'에서 '평균값 – 표준_편차' 사이에 있는 랜덤한 숫자를 만드는 코드입니다.

```
1: delete_columns = ['Name', 'PassengerId', 'SibSp', 'Parch', 'Ticket', 'Cabin']
2: data.drop(delete_columns, axis=1, inplace=True)
```

이번에는 사용하지 않을 열을 제거합니다.

pandas.DataFrame.drop()은 첫 번째 매개변수로 제거할 열을 지정합니다. axis=1은 열을 제거하라는 의미고, axis=0은 행을 제거하라는 의미입니다.

```
1: train = data[:len(9)]
2: test = data[len(train):]
```

이제 train과 test를 결합해서 처리했던 data를 다시 분리합니다.

data 뒤에 붙어있는 [:len(train)]은 '인덱싱'이라고 부르는 데이터 추출 방법입니다. [시작_위치:종료_위치]와 같이 지정합니다. 생략하면 시작 위치는 '가장 앞', 종료 위치는 '가장 마지막'을 의미하게 됩니다.

data[:len(train)]은 data 중에서 '가장 앞부터 len(train)까지'를 추출해서 pandasDataFrame을 만듭니다. len(train)은 train의 행 수를 나타냅니다.

```
1: y_train = train['Survived']
2: X_train = train.drop('Survived', axis=1)
3: X_test = test.drop('Survived', axis=1)
```

이는 머신러닝 알고리즘의 입력으로 넣을 수 있게 pandas.DataFrame을 특징량과 목적 변수로 분할하는 것입니다. train의 Survived를 y_train으로, Survived 이외의 것을 X_train으로 변경합니다. test의 Survived 이외의 것은 X_test로 분할합니다.

머신러닝 알고리즘 학습과 예측

```
1: from sklearn.linear_model import LogisticRegression
2:
```

```
3:
4: clf = LogisticRegression(penalty='l2', solver='sag', random_state=0)
5: clf.fit(X_train, y_train)
6: y_pred = clf.predict(X_test)
```

이제 로지스틱 회귀로 학습하고 예측합니다.

일단 sklearn.linear_model의 LogisticRegression()를 읽어 들이고, 이를 활용해 clf라는 모델을 만듭니다. 이때 clf는 Classifier(분류기)를 의미합니다. 매개변수는 손실(penalty)로 'L2 정규화', 답을 찾는 방법(solver)으로 'sag(확률적 경사 하강법, Stochastic Average Gradient)', 랜덤 시드(random_state)로 0을 지정했습니다.

이어서 clf.fit(X_train, y_train)으로 X_train과 y_train의 대응 관계를 학습합니다. 마지막으로 clf.predict(X_test)로 X_test를 예측합니다.

clf.fit()으로 학습하고 clf.prefict()로 예측하는 것은 sklearn의 머신러닝 알고리즘을 사용하는 경우의 공통적인 방식이라고 할 수 있습니다.

submit

```
1: sub = pd.read_csv('../input/titanic/gender_submission.csv')
2: sub['Survived'] = list(map(int, y_pred))
3: sub.to_csv('submission.csv', index=False)
```

submit 전용 파일을 작성하고, csv 파일로 출력합니다.

첫 번째 줄에서는 submit 전용 csv 파일 샘플을 읽어 들이고, sub에 저장합니다. 두 번째 줄에서는 sub의 Survived에 y_pred를 정수로 바꾼 값을 대입합니다.

세 번째 줄에서는 sub를 submission.csv라는 csv 파일로 출력합니다. index=False라고 지정하면 파일 저장 때 pandas.DataFrame의 행 번호를 나타내는 인덱스가 붙지 않습니다.

A.1.3 2.3 탐색적 데이터 분석해 보기

해당 절에서는 Pandas Profiling을 사용한 데이터 개요 파악과 특징량과 목적 변수의 관계를 시각화하는 방법을 살펴보았습니다.

```
1: import pandas as pd
2: import pandas_profiling
3:
4: train = pd.read_csv('../input/titanic/train.csv')
5: train.profile_report()
```

학습 전용 Dataset를 읽어 들이고, pandas_profiling을 사용합니다.

첫 번째 줄에서는 pandas를 pd라는 별칭으로 읽어 들이고, 두 번째 줄에서는 pandas_profiling을 import합니다.

네 번째 줄에서는 학습 전용 Dataset를 읽어 들이고, train에 저장합니다.

다섯 번째 줄에서는 train 개요를 출력합니다. pandas.DataFrame.profile_report()를 사용해서, 정해진 서식으로 pandas.DataFrame의 개요를 출력합니다.

```
1: import matplotlib.pyplot as plt
2: import seaborn as sns
```

여기서는 그래프를 출력할 때 사용할 패키지로 matplotlib.pyplot을 plt, seaborn을 sns라는 별칭으로 import합니다.

```
1: plt.hist(train.loc[train['Survived'] == 0, 'Age'].dropna(),
2:          bins=30, alpha=0.5, label='0')
3: plt.hist(train.loc[train['Survived'] == 1, 'Age'].dropna(),
4:          bins=30, alpha=0.5, label='1')
5: plt.xlabel('Age')
6: plt.ylabel('count')
7: plt.legend(title='Survived')
```

생존자와 사망자별로 Age 히스토그램을 출력합니다.

첫 번째 줄에서는 히스토그램을 출력하는 matplotlib.pyplot.hist()의 첫 번째 매개변수로 train.loc[train['Survived'] == 0, 'Age'].dropna()를 지정했습니다. pandas.DataFrame.loc[]는 행 레이블과 열 레이블을 지정해서, 그중 일부를 추출하는 코드입니다. 현재 코드에서는 train['Survived'] == 0을 입력해서 Survived가 0(사망)인 행, 추가로 'Age'라는 열을 지정했습니다. 이렇게 하면 사망자의 나이만을 추출할 수 있습니다. 이렇게 추출한 DataFrame은 결손값을 포함하고 있으므로 pandas.Series.dropna()로 결손값을 제거했습니다.

bins 매개변수로 빈(출력할 막대)의 수를 지정합니다.

alpha 매개변수로 투명도 지정합니다. 기본적으로 1.0이라서 불투명하지만, 이번 예제는 2개의 히스토그램을 동시에 출력할 수 있게 0.5로 지정했습니다. label 매개변수를 통해 범례로 출력할 이름 등을 지정합니다.

세 번째 줄에서는 생존자의 연령 히스토그램을 출력할 수 있게, matplotlib.pyplot.hist()의 첫 번째 매개변수를 train.loc[train['Survived'] == 1, 'Age'].dropna()로 했습니다. label 매개변수는 '1'로 지정했습니다. bins와 alpha는 이전 줄과 같습니다.

다섯 번째 줄과 여섯 번째 줄에서는 x축과 y축 레이블을 지정합니다.

일곱 번째 줄에서는 범례를 출력합니다. matplotlib.pyplot.legend()로 지금까지 label 매개변수로 지정했던 이름을 출력합니다. title 매개변수를 넣어 주면 범례에 제목이 붙습니다.

```
1: sns.countplot(x='SibSp', hue='Survived', data=train)
2: plt.legend(loc='upper right', title='Survived')
```

SibSp와 Survived의 수를 막대 그래프로 출력합니다.

seaborn.countplot()의 x 매개변수로 집계하고 싶은 열 이름을 지정합니다. hue 매개변수로 x 매개변수를 분할해서 집계하고 싶은 열 이름을 지정합니다. data 매개변수로는 pandas.DataFrame을 지정합니다.

matplotlib.pyplot.legend()의 loc 매개변수로 upper right를 지정해서, 범례를 오른쪽 위에 배치합니다. loc 매개변수를 지정하지 않으면 범례의 위치가 자동으로 결정됩니다.

```
1: sns.countplot(x='Parch', hue='Survived', data=train)
2: plt.legend(loc='upper right', title='Survived')
```

Parch와 Survived의 수를 막대 그래프로 출력합니다.

이전의 seaborn.countplot()이나 matplotlib.pyplot.legend()와 내용이 같으므로 설명은 생략하겠습니다.

```
1: plt.hist(train.loc[train['Survived'] == 0, 'Fare'].dropna(),
2:          range=(0, 250), bins=25, alpha=0.5, label='0')
3: plt.hist(train.loc[train['Survived'] == 1, 'Fare'].dropna(),
```

```
  4:         range=(0, 250), bins=25, alpha=0.5, label='1')
  5: plt.xlabel('Fare')
  6: plt.ylabel('count')
  7: plt.legend(title='Survived')
  8: plt.xlim(-5, 250)
```

생존자와 사망자별로 Fare 히스토그램을 출력합니다.

첫 번째 줄과 세 번째 줄에서는 첫 번째 매개변수로 생존자와 사망자별로 운임(Fare)을 추출합니다.

이어서 range 매개변수로 빈을 만들 최솟값과 최댓값을 지정합니다. 빈(bin)은 히스토그램에서 한 구간을 나타내는 표현입니다. 여러 히스토그램을 동시에 출력할 때는 빈의 조건 등을 맞춘 뒤에 비교하는 것이 좋습니다. 이번 데이터는 250 이상의 운임이 많지 않으므로 (0, 250)으로 지정했습니다. 이 이외의 매개변수는 Age 히스토그램을 설명할 때와 같습니다.

다섯 번째 줄부터 일곱 번째 줄까지의 줄은 Age 히스토그램 때와 마찬가지로 x축과 y축의 레이블, 범례 등을 설정하는 부분입니다.

여덟 번째 줄에서는 matplotlib.pyplot.xlim()으로 x축은 –5~250의 범위를 출력하도록 지정했습니다. 이처럼 matplotlib.pyplot.xlim()은 첫 번째 매개변수로 최솟값, 두 번째 매개변수로 최댓값을 지정해서, 출력할 범위를 설정합니다. y축 범위를 지정할 때는 matplotlib.pyplot.ylim()을 사용합니다.

```
  1: sns.countplot(x='Pclass', hue='Survived', data=train)
```

Pclass와 Survived의 수를 막대 그래프로 출력합니다. 매개변수 지정과 관련된 설명은 생략하겠습니다.

```
  1: sns.countplot(x='Sex', hue='Survived', data=train)
```

Sex와 Survived의 수를 막대 그래프로 출력합니다. 매개변수 지정과 관련된 설명은 생략하겠습니다.

```
  1: sns.countplot(x='Embarked', hue='Survived', data=train)
```

Embarked와 Survived 수를 막대 그래프로 출력합니다. 매개변수 지정과 관련된 설명은 생략하겠습니다.

A.1.4 2.4 가설을 기반으로 새로운 특징량 만들기

이 절에서는 특징량 엔지니어링을 배웠습니다.

```
1: import seaborn as sns
2:
3:
4: data['FamilySize'] = data['Parch'] + data['SibSp'] + 1
5: train['FamilySize'] = data['FamilySize'][:len(train)]
6: test['FamilySize'] = data['FamilySize'][len(train):]
7: sns.countplot(x='FamilySize', data=train, hue='Survived')
```

data에 FamilySize라는 새로운 열을 만들고, 값으로 Parch(탑승한 부모 자식 수) + SibSp(탑승한 형제 자매, 배우자 수)로 가족 인원 수를 넣었습니다.

첫 번째 줄에서는 시각화 패키지인 seaborn를 sns라는 별칭으로 import합니다. 다섯 번째 줄과 여섯 번째 줄에서는 train과 test에 만들었던 FamilySize를 분리합니다. 일곱 번째 줄에서는 seaborn.countplot()로 그 수를 집계합니다. 매개변수 x로 집계하고 싶은 열, 매개변수 data로 pandas.DataFrame, 매개변수 hue로 색을 지정할 변수를 설정합니다.

A.1.5 2.5 다양한 머신러닝 알고리즘 사용해 보기

이 절에서는 A.1.2절의 로지스틱 회귀를 다른 머신러닝 알고리즘으로 변경합니다. 일단 sklearn의 랜덤 포레스트와 이어서 LightGBM을 사용합니다.

큰 흐름은 A.1.2절과 다르지 않으며, 다음 흐름에서 4번 부분만 다릅니다.

1. 패키지를 읽어 들임
2. 데이터를 읽어 들임
3. 특징량 엔지니어링
4. 머신러닝 알고리즘 학습과 예측
5. submit

```
1: from sklearn.ensemble import RandomForestClassifier
2:
3:
4: clf = RandomForestClassifier(n_estimators=100, max_depth=2, random_state=0)
5: clf.fit(X_train, y_train)
6: y_pred = clf.predict(X_test)
```

sklearn의 랜덤 포레스트로 학습과 예측을 합니다.

첫 번째 줄에서는 sklearn의 랜덤 포레스트 구현인 RandomForestClassifier()를 import합니다. 네 번째 줄에서는 RandomForestClassifier() 모델을 호출합니다. n_estimators로 트리 수, max_depth로 트리의 깊이, random_state로 랜덤한 수의 seed를 지정합니다.

다섯 번째 줄과 여섯 번째 줄은 로지스틱 회귀 때와 같습니다.

이어서 LightGBM입니다.

```
1: from sklearn.model_selection import train_test_split
2:
3:
4: X_train, X_valid, y_train, y_valid = \
5:     train_test_split(X_train, y_train, test_size=0.3, random_state=0, stratify=y_train)
```

train_test_split의 매개변수로는 첫 번째 매개변수와 두 번째 매개변수에 X_train과 y_train을 넣고, test_size 테스트 전용 Dataset로 사용할 비율, random_state로 랜덤한 수의 seed, stratify로 y_train을 지정합니다. 2.7.4절에서 설명했던 것처럼 stratify에 y_train을 지정하면 분할 후의 학습 전용 Dataset와 테스트 전용 Dataset의 구성 비율이 같아집니다[86].

```
1: import lightgbm as lgb
2:
3:
4: lgb_train = lgb.Dataset(X_train, y_train, categorical_feature=categorical_features)
5: lgb_eval = lgb.Dataset(X_valid, y_valid, reference=lgb_train,
6:                        categorical_feature=categorical_features)
7:
8: params = {
9:     'objective': 'binary'
10: }
```

이어서 LightGBM으로 학습할 준비를 합니다.

---

86 [옮긴이] 설명이 약간 헷갈릴 수 있는데, 정확하게는 결과의 비율이 같아집니다. 예를 들어, 전체 데이터에서 생존자와 사망자의 비율이 2:8이라면 학습 전용 데이터도 생존자와 사망자의 비율이 2:8, 테스트 전용 데이터도 생존자와 사망자의 비율이 2:8로 설정됩니다.

첫 번째 줄에서는 LightGBM을 lgb라는 별칭으로 import합니다.

네 번째 줄과 다섯 번째 줄에서는 학습 전용 Dataset와 테스트 전용 Dataset를 lightgbm.Dataset로 만듭니다. lightgbm.Dataset의 첫 번째 매개변수에는 X(특징량), 두 번째 매개변수에는 y(목적 변수)를 전달합니다. 카테고리 변수가 있는 경우, categorical_feature로 지정하며, 테스트 전용 Dataset에는 reference로 학습 전용 Dataset(lightgbm.Dataset)를 전달합니다.

```
1: model = lgb.train(params, lgb_train,
2:                    valid_sets=[lgb_train, lgb_eval],
3:                    verbose_eval=10,
4:                    num_boost_round=1000,
5:                    early_stopping_rounds=10)
6:
7: y_pred = model.predict(X_test, num_iteration=model.best_iteration)
```

다음으로 학습과 예측을 합니다.

```
1: y_pred = (y_pred > 0.5).astype(int)
2: sub['Survived'] = y_pred
3: sub.to_csv('submission_lightgbm.csv', index=False)
```

submit 전용 파일을 작성하고, csv 파일로 내보냅니다. pred 값으로 0~1 값들이 들어 있습니다.

y_pred > 0.5라면 y == 1, 이외의 경우에는 y == 0이라는 정숫값으로 변환합니다. y_pred > 0.5는 불 값(True 또는 False)이 나오므로 이를 astype(int)로 '1 또는 0'으로 변했습니다.

A.1.6 2.6 하이퍼파라미터 조정하기

이번 절에서는 LightGBM의 하이퍼파라미터를 조정해 보겠습니다. 수동으로 조정해야 하는 부분은 생략하고, Optuna를 사용한 부분의 소스 코드만 설명하겠습니다.

```
1: import optuna
2: from sklearn.metrics import log_loss
3:
4:
5: def objective(trial):
6:     params = {
7:         'objective': 'binary',
8:         'max_bin': trial.suggest_int('max_bin', 255, 500),
9:         'learning_rate': 0.05,
10:        'num_leaves': trial.suggest_int('num_leaves', 32, 128),
11:    }
```

```
12:
13:     lgb_train = lgb.Dataset(X_train, y_train,
14:                             categorical_feature=categorical_features)
15:     lgb_eval = lgb.Dataset(X_valid, y_valid, reference=lgb_train,
16:                            categorical_feature=categorical_features)
17:
18:     model = lgb.train(params, lgb_train,
19:                       valid_sets=[lgb_train, lgb_eval],
20:                       verbose_eval=10,
21:                       num_boost_round=1000,
22:                       early_stopping_rounds=10)
23:
24:     y_pred_valid = model.predict(X_valid, num_iteration=model.best_iteration)
25:     score = log_loss(y_valid, y_pred_valid)
25:     return score
```

첫 번째 줄에서는 Optuna, 두 번째 줄에서는 손실 함수 계산에 사용할 log_loss를 import합니다.

다섯 번째 줄 이후 부분은 Optuna로 최적화하기 위해 사용할 함수를 정의합니다. Optuna는 이러한 함수를 기반으로 리턴 값이 최솟값이 나오는 하이퍼파라미터를 찾아줍니다.

일단 처음 param으로 하이퍼파라미터의 탐색 범위를 지정합니다. 7~10번째 줄은 다음과 같은 의미입니다.

- objective는 binary로 고정
- max_bin은 255~500 사이의 정숫값을 탐색
- learning_rate는 0.05로 고정
- num_leaves는 32~128 사이의 정숫값으로 탐색

13~22번째 줄은 이전 절에서 다루었던 LightGBM으로 학습하는 부분입니다.

24~25번째 줄에서는 테스트 전용 Dataset를 기반으로 성능을 테스트합니다. 성능은 앞에서 import했던 log_loss를 사용해 확인합니다. 손실 함수는 결과가 작을수록 좋습니다.

```
1: study = optuna.create_study(sampler=optuna.samplers.RandomSampler(seed=0))
2: study.optimize(objective, n_trials=40)
```

첫 번째 줄에서는 Optuna 최적화를 위한 세션을 만듭니다. sampler=optuna.samplers.RandomSampler(seed=0)처럼 해서 랜덤한 수의 seed를 고정했습니다.

두 번째 줄에서는 Optuna 계산을 실행합니다. 첫 번째 매개변수로 사용할 함수를 전달합니다. n_trials는 실행 횟수로, 현재 코드에서는 40회라는 적은 값을 지정했습니다.

```
1: study.best_params
```

계산을 통해 얻은 최적의 값이 study.best_params에 저장됩니다. 이를 확인합니다.

```
 1: params = {
 2:     'objective': 'binary',
 3:     'max_bin': study.best_params['max_bin'],
 4:     'learning_rate': 0.05,
 5:     'num_leaves': study.best_params['num_leaves']
 6: }
 7:
 8: lgb_train = lgb.Dataset(X_train, y_train, categorical_feature=categorical_features)
 9: lgb_eval = lgb.Dataset(X_valid, y_valid, reference=lgb_train,
10:                     categorical_feature=categorical_features)
11:
12: model = lgb.train(params, lgb_train,
13:                 valid_sets=[lgb_train, lgb_eval],
14:                 verbose_eval=10,
15:                 num_boost_round=1000,
16:                 early_stopping_rounds=10)
17:
18: y_pred = model.predict(X_test, num_iteration=model.best_iteration)
```

study.best_params의 값을 사용해서 LightGBM을 학습, 예측하도록 만들었습니다.

A.1.7 2.7 'Cross Validation'의 중요성

이 절에서는 홀드아웃 검증, 교차 검증, Dataset 분할 방법을 다루었습니다. 홀드아웃 검증에 대해서는 2.5절과 2.6절에서 자세하게 살펴보았으므로 코드 설명을 생략하겠습니다.

교차 검증

다음 코드는 교차 검증(Cross Validation)을 구현하고 있습니다.

```
1: from sklearn.model_selection import KFold
2:
3:
4: y_preds = []
5: models = []
6: oof_train = np.zeros((len(X_train),))
```

```
 7: cv = KFold(n_splits=5, shuffle=True, random_state=0)
 8:
 9: categorical_features = ['Embarked', 'Pclass', 'Sex']
10:
11: params = {
12:     'objective': 'binary',
13:     'max_bin': 300,
14:     'learning_rate': 0.05,
15:     'num_leaves': 40
16: }
17:
18: for fold_id, (train_index, valid_index) in enumerate(cv.split(X_train)):
19:     X_tr = X_train.loc[train_index, :]
20:     X_val = X_train.loc[valid_index, :]
21:     y_tr = y_train[train_index]
22:     y_val = y_train[valid_index]
23:
24:     lgb_train = lgb.Dataset(X_tr, y_tr, categorical_feature=categorical_features)
25:     lgb_eval = lgb.Dataset(X_val, y_val, reference=lgb_train,
26:                            categorical_feature=categorical_features)
27:
28:     model = lgb.train(params, lgb_train,
29:                       valid_sets=[lgb_train, lgb_eval],
30:                       verbose_eval=10,
31:                       num_boost_round=1000,
32:                       early_stopping_rounds=10)
33:
34:     oof_train[valid_index] = \
35:         model.predict(X_val, num_iteration=model.best_iteration)
36:     y_pred = model.predict(X_test, num_iteration=model.best_iteration)
37:     y_preds.append(y_pred)
38:     models.append(model)
```

첫 번째 줄에서는 교차 검증을 위한 데이터 분할 구현을 위해 KFold를 import합니다.

네~여섯 번째 줄에서는 분할 뒤에 데이터를 저장할 상자를 만듭니다. 각각의 변수는 다음과 같은 의미입니다.

- X_test에 대한 예측값을 저장할 리스트
- 학습한 모델을 저장할 리스트
- 테스트 전용 Dataset(X_val)에 대한 예측값을 저장할 numpy.ndarray

일곱 번째 줄에서는 분할 방법을 설정합니다. KFold의 첫 번째 매개변수로 분할 수(n splits)를 5로 지정했습니다. 이어서 shuffle=True로 지정해서, 분할 전에 Dataset를 섞습니다. shuffle=False로 하면 기존의 Dataset 순서 그대로 분할됩니다.

18번째 줄에서는 설정한 분할 방법을 기반으로 하여 분할된 학습 전용과 테스트 전용 Dataset 에 대응되는 인덱스를 추출합니다. enumerate를 사용해서 요소와 동시에 인덱스를 추출합니다. 현재 코드에서는 fold_id를 사용하지 않지만, 모델을 개별적으로 저장해야 하는 경우 등에는 이를 파일 이름으로 사용하기도 합니다.

19~22번째 줄에서는 인덱스를 기반으로 하여 Dataset를 분할합니다. 이때 X_tr과 X_val은 pandas.DataFrame이고, y_tr과 y_val은 numpy.ndarray입니다. 인덱스 지정 방법이 서로 다르므로 주의하세요.

34~35번째 줄에서는 분할한 테스트 전용 Dataset(X_val)에 대한 예측값을 저장합니다. 이어서 이전에 만든 oof_train이라는 numpy.ndarray에 넣습니다.

36~37번째 줄에서는 분할한 X_test에 대한 예측값을 이전에 만든 y_preds라는 리스트에 저장합니다. 38번째 줄에서는 분할해서 학습한 모델을 이전에 만든 models라는 리스트에 저장합니다.

```
1: pd.DataFrame(oof_train).to_csv('oof_train_kfold.csv', index=False)
```

oof_train을 csv 형식으로 저장했습니다. to_csv()는 numpy.ndarray로 사용할 수 없으므로 일단 pandas.DataFrame으로 변환한 뒤에 사용했습니다.

```
1: scores = [
2:     m.best_score['valid_1']['binary_logloss'] for m in models
3: ]
4: score = sum(scores) / len(scores)
5: print('===CV scores===')
6: print(scores)
7: print(score)
```

이어서 분할한 테스트 전용 Dataset에 대한 성능을 출력합니다. 'CV 점수'로서 평균도 계산합니다.

```
1: from sklearn.metrics import accuracy_score
2:
3:
4: y_pred_oof = (oof_train > 0.5).astype(int)
5: accuracy_score(y_train, y_pred_oof)
```

여기서는 oof_train에 대한 성능을 정답률로 평가합니다. 첫 번째 줄에서는 정답률을 계산하기 위한 accuracy_score를 import했습니다.

네 번째 줄에서는 0~1 범위의 숫자를 '1 또는 0'으로 완전히 분리하고, 다섯 번째 줄에서 정답률을 계산합니다.

```
1: len(y_preds)
```

y_preds에는 분할한 데이터가 들어 있으므로 크기를 확인해 보면 CSV 수와 같다는 것을 알수 있습니다.

```
1: y_preds[0][:10]
```

fold_id가 0일 때의 예측값은 이처럼 확인할 수 있습니다.

```
1: y_sub = sum(y_preds) / len(y_preds)
2: y_sub = (y_sub > 0.5).astype(int)
```

y_preds에 저장되어 있는 분할된 예측값의 평균을 최종적인 submit에 사용합니다. 첫 번째줄에서는 평균을 계산하고, 두 번째 줄에서는 0~1 범위의 숫자를 '1 또는 0'으로 분할합니다.

Dataset 분할 방법

```
1: from sklearn.model_selection import KFold
2:
3:
4: cv = KFold(n_splits=5, shuffle=True, random_state=0)
5: for fold_id, (train_index, valid_index) in enumerate(cv.split(X_train)):
6:     X_tr = X_train.loc[train_index, :]
7:     X_val = X_train.loc[valid_index, :]
8:     y_tr = y_train[train_index]
9:     y_val = y_train[valid_index]
10:
11:     print(f'fold_id: {fold_id}')
12:     print(f'y_tr y==1 rate: {sum(y_tr)/len(y_tr)}')
13:     print(f'y_val y==1 rate: {sum(y_val)/len(y_val)}')
```

KFold를 사용해서 분할한 학습 전용/테스트 전용 Dataset 내부에서 y==1의 비율을 출력합니다. 「'fold_id: {fold_id}'」는 파이썬 3.6에서 추가된 'f 문자열'이라는 문법입니다. 앞에 f를 붙여서 문자열을 만들면 문자열 내부에 {}를 넣고 변수를 지정해서 변수의 값을 문자열 내에 삽입할 수 있습니다.

```
 1: from sklearn.model_selection import StratifiedKFold
 2:
 3:
 4: cv = StratifiedKFold(n_splits=5, shuffle=True, random_state=0)
 5: for fold_id, (train_index, valid_index) in enumerate(cv.split(X_train, y_train)):
 6:     X_tr = X_train.loc[train_index, :]
 7:     X_val = X_train.loc[valid_index, :]
 8:     y_tr = y_train[train_index]
 9:     y_val = y_train[valid_index]
10:
11:     print(f'fold_id: {fold_id}')
12:     print(f'y_tr y==1 rate: {sum(y_tr)/len(y_tr)}')
13:     print(f'y_val y==1 rate: {sum(y_val)/len(y_val)}')
```

KFold를 StratifiedKFold로 변경했습니다. 네 번째 줄의 분할 방법 설정에 해당하는 매개변수는 따로 변경하지 않았습니다. 단, 다섯 번째 줄에서는 cv.split(X_train)을 cv.split(X_train, y_train)으로 변경했습니다. StratifiedKFold는 y_train을 기반으로 분할합니다.

A.1.8 2.8 앙상블 학습해 보기

이번 절에서는 csv 파일로 앙상블을 살펴봅니다.

```
 1: import pandas as pd
 2:
 3:
 4: sub_lgbm_sk = \
 5:     pd.read_csv('../input/submit-files/submission_lightgbm_skfold.csv')
 6: sub_lgbm_ho = \
 7:     pd.read_csv('../input/submit-files/submission_lightgbm_holdout.csv')
 8: sub_rf = pd.read_csv('../input/submit-files/submission_randomforest.csv')
```

지금까지 만든 랜덤 포레스트와 LightGBM으로 만든 csv 파일을 사용합니다. 일단 각 예측값의 관계를 계산합니다.

관계를 계산할 때는 pandas.DataFrame.corr()을 사용합니다. 같은 pandas.DataFrame 내부 열들의 상관관계를 계산해 주는 메서드이므로 미리 각 예측값을 df라는 pandas.DataFrame에 합쳤습니다(그림 A.1).

```
 1: df = pd.DataFrame({'sub_lgbm_sk': sub_lgbm_sk['Survived'].values,
 2:                    'sub_lgbm_ho': sub_lgbm_ho['Survived'].values,
 3:                    'sub_rf': sub_rf['Survived'].values})
 4: df.head()
```

	sub_lgbm_sk	sub_lgbm_ho	sub_rf
0	0	0	0
1	0	0	1
2	0	0	0
3	0	0	0
4	0	0	1

그림 A.1 **df 출력**

```
1: df.corr()
```

pandas.DataFrame.corr()을 실행하면 열들의 관계가 계산됩니다.

```
1: sub = pd.read_csv('../input/titanic/gender_submission.csv')
2: sub['Survived'] = sub_lgbm_sk['Survived']
3:                  + sub_lgbm_ho['Survived']
4:                  + sub_rf['Survived']
5: sub.head()
```

다수결로 예측값을 결정하는 앙상블을 실행합니다. sub의 Survived에는 각 submit의 Survived 합을 할당합니다. 예를 들어서 각각의 행이 모두 1이라면 3, sub_lgbm_sk만 1이라면 1이 나오게 됩니다.

```
1: sub['Survived'] = (sub['Survived'] >= 2).astype(int)
2: sub.to_csv('submission_lightgbm_ensemble.csv', index=False)
3: sub.head()
```

마지막으로 다수결로 최종적인 예측값(0 또는 1)을 결정합니다. 각 행의 값이 2 이상일 때는 최종적인 예측값이 1이 됩니다.

A.2

3장 Titanic에서 더 나아가자

A.2.1 3.1 여러 테이블 다루기

이번 절에서는 여러 개의 테이블(여러 개의 csv 파일)이 있는 경우의 처리 예를 설명합니다.

큰 흐름을 정리해 보면 다음과 같습니다.

1. 서브 파일을 집계합니다.
2. 서브 파일에서 집계한 데이터를 메인 파일에 통합합니다.

```
1: import pandas as pd
2:
3:
4: application_train = \
5:     pd.read_csv('../input/home-credit-default-risk/application_train.csv')
6: application_train.head()
```

이번 절에서는 2장과 마찬가지로 Pandas를 import하고, pandas.read_csv()로 메인 파일 application_train.csv를 읽어 들이고, application_train에 저장합니다. 이어서 pandas. DataFrame.head()로 앞의 다섯 행을 출력합니다.

```
1: bureau = pd.read_csv('../input/home-credit-default-risk/bureau.csv')
2: bureau.head()
```

마찬가지로 서브 파일인 bureau.csv를 읽어 들이고, bureau에 저장합니다. 또한, pandas. DataFrame.head()로 앞의 5행을 출력합니다.

```
1: previous_loan_counts = \
2:     bureau.groupby('SK_ID_CURR',
3:                   as_index=False)['SK_ID_BUREAU'].count().rename(
4:                       columns={'SK_ID_BUREAU': 'previous_loan_counts'})
5: previous_loan_counts.head()
```

SK_ID_CURR의 출현 횟수를 세고, 열 이름을 SK_ID_BUREAU에서 previous_loan_counts로 변경합니다. 조금 복잡해 보이는 처리이지만, 차례대로 설명해 보겠습니다.

pandas.DataFrame.groupby()는 같은 값을 가진 데이터를 모아서 집계할 때 사용합니다. 1번째 매개변수로 어떤 열을 집계할지 지정합니다. 현재 코드에서는 SK_ID_CURR을 지정합니다.

as_index 매개변수를 True로 지정하면 1번째 매개변수에서 지정한 열이 index가 되며, False로 지정하면 index가 아니게 됩니다. 이때 index는 0부터 시작하는 순번을 의미합니다.

지금까지의 처리로 SK_ID_CURR이 같은 값을 가진 데이터별로 다른 열을 Aggregation(집계)할 준비가 완료됩니다. 이어서 ['SK_ID_BUREAU'].count()를 지정해서, SK_ID_BUREAU의 값 출현 횟수를 셉니다.

자주 사용하는 Aggregation 함수를 정리해 보면 표 A.1과 같습니다.

표 A.1 **자주 사용하는 Aggregation 함수**

함수	설명
count	출현 횟수를 셉니다.
mean	평균 값을 계산합니다.
var	분산을 계산합니다.
std	표준 편차를 계산합니다.
max	최댓값을 계산합니다.
min	최솟값을 계산합니다.

pandas.Series.rename(columns={'SK_ID_BUREAU': 'previous_loan_counts'})는 SK_ID_BUREAU라는 열 이름을 previous_loan_counts로 변경하는 처리입니다. pandas.DataFrame.rename()은 columns 매개변수로 변경 전과 변경 후의 값을 딕셔너리 형태로 지정하여 열 이름을 변경합니다.

```
1: application_train = pd.merge(application_train, previous_loan_counts,
2:                              on='SK_ID_CURR', how='left')
```

application_train과 previous_loan_counts를 결합합니다. pandas.merge()는 첫 번째 매개변수와 두 번째 매개변수로 pandas.DataFrame을 지정합니다. on 매개변수로 어떤 열을 키로 결합할지, how 매개변수로 결합 방법을 지정합니다. 현재 코드에서는 SK_ID_CURR과 left를 지정했습니다. 이는 왼쪽 pandas.DataFrame에 있는 application_train의 SK_ID_CURR를 사용해서 결합합니다.

결합 전과 결합 후의 pandas.DataFrame을 비교하면 그림 A.2와 같습니다. application_train은 열 수가 많으므로 일부만 표시했습니다.

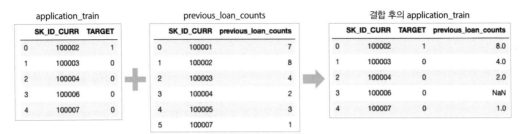

그림 A.2 **결합 전과 후의 pandas.DataFrame**

```
1: application_train['previous_loan_counts'].fillna(0, inplace=True)
2: application_train.head()
```

previous_loan_counts의 결손값을 0으로 변경하는 코드입니다.

A.2.2 3.2 이미지 데이터 다루기

이번 절에서는 파이토치(PyTorch) 튜토리얼인 'TRAINING A CLASSIFIER[87]'을 따라서, 파이토치로 이미지 데이터를 다루는 코드를 설명합니다. 큰 흐름을 정리해 보면 다음과 같습니다.

1. 이미지를 미니 배치로 다룰 수 있게 준비합니다.
2. 미니 배치로 추출한 이미지를 출력합니다.

```
1: import torch
2: import torchvision
3: import torchvision.transforms as transforms
```

첫 번째 줄에서는 파이토치의 torch를 import합니다. torch는 NumPy와 같은 패키지로, 대량의 숫자 계산이 필요한 이미지 데이터 처리 등에 사용합니다.

두 번째 줄에서는 파이토치의 이미지 관련 Dataset와 모델 등의 패키지인 torchvision을 import합니다.

---

[87] TRAINING A CLASSIFIER
https://pytorch.org/tutorials/beginner/blitz/cifar10_tutorial.html (Accessed: 15 February 2021)

세 번째 줄에서는 torchvision의 이미지 변환 기능인 torchvision.transforms()를 transforms 라는 이름으로 import합니다.

```
 1: transform = transforms.Compose(
 2:     [transforms.ToTensor(),
 3:      transforms.Normalize((0.5, 0.5, 0.5), (0.5, 0.5, 0.5))])
 4:
 5: trainset = torchvision.datasets.CIFAR10(root='./data', train=True,
 6:                                     download=True, transform=transform)
 7: trainloader = torch.utils.data.DataLoader(trainset, batch_size=4,
 8:                                     shuffle=True, num_workers=2)
 9:
10: testset = torchvision.datasets.CIFAR10(root='./data', train=False,
11:                                     download=True, transform=transform)
12: testloader = torch.utils.data.DataLoader(testset, batch_size=4,
13:                                     shuffle=False, num_workers=2)
14:
15: classes = ('plane', 'car', 'bird', 'cat',
16:            'deer', 'dog', 'frog', 'horse', 'ship', 'truck')
```

'CIFAR10[88]'이라고 부르는 열 종류의 레이블이 붙은 이미지 데이터를 다운로드하고, 학습 전용 데이터와 테스트 전용 데이터로 사용할 수 있게 준비합니다.

이미지 데이터는 numpy.ndarray로 (height, width, channel)이라는 형식을 사용합니다. CIFAR10은 가로 세로 32×32픽셀의 RGB(세 가지 종류)이므로 (32, 32, 3)의 numpy.ndarray를 사용합니다. 값은 0~255 사이의 정수로 합니다.

transforms.Compose()는 매개변수 리스트로 처리를 지정해서, 이미지를 차례대로 처리해 줍니다. transforms.ToTensor()로 numpy.ndarray를 Tensor라는 자료형으로 변환했습니다. (height, width, channel)에서 (channel, height, width)라는 순서로 변환하고, 255로 나누어서 내부의 값이 0~1의 범위가 되게 합니다. 이어서 transforms.Normalize((0.5, 0.5, 0.5), (0.5, 0.5, 0.5))로 Tensor의 값을 -1~1로 변환합니다.

transforms.Normalize()의 첫 번째 매개변수와 두 번째 매개변수는 Tensor에서 뺄 값과 나눌 값을 지정하는 것입니다. 현재 코드에서는 0.5를 빼서 -0.5~0.5의 값으로 만들고, 이를 0.5로 나누어서 -1~1의 범위가 되도록 만든 것입니다.

현재 코드에서는 -1~1로 변환했지만, 학습 전용 Dataset channel별로 평균값과 표준 편차를 구한 뒤, 이를 transforms.Normalize() 매개변수로 지정해서 변환하는 경우도 많습니다.

---

88 CIFAR10
   https://www.cs.toronto.edu/~kriz/cifar.html (Accessed: 15 February 2021)

torchvision.datasets.CIFAR10()은 CIFAR10의 이미지를 다운로드하는 클래스입니다. download 매개변수로 데이터 다운로드 필요 여부를 지정합니다. True로 지정하면 root 매개변수에 지정한 디렉터리에 데이터가 다운로드됩니다. 또한 train 매개변수로 학습 전용 Dataset인지 테스트 전용 Dataset인지 지정하고, transform 매개변수로 이미지에 적용할 처리를 지정합니다.

torch.utils.data.DataLoader()는 이미지에 미니 배치 처리를 하는 클래스입니다. 일반적인 학습에서는 메모리에 이미지를 한꺼번에 올릴 수 없으므로 한번에 올릴 이미지 수를 결정하고, 메모리에 나누어서 올립니다. 현재 코드에서는 batch_size 매개변수를 4로 지정해서, 메모리에 4개씩 올리게 했습니다. 첫 번째 매개변수로 Dataset를 지정합니다. shuffle 매개변수를 True로 지정하면 이미지를 랜덤하게 선택하며, False로 지정하면 섞지 않고 순서대로 다룹니다. num_workers 매개변수로 이미지를 읽어 들일 때 사용할 CPU 코어 수를 지정합니다.

지금까지의 처리로 trainloader는 CIFAR10의 학습 전용 Dataset에서 이미지를 4장씩 랜덤으로 선택한 뒤 이미지와 레이블을 출력하는 DataLoader가 됩니다.

```
 1: import matplotlib.pyplot as plt
 2: import numpy as np
 3:
 4:
 5: def imshow(img):
 6:     img = img / 2 + 0.5
 7:     npimg = img.numpy()
 8:     plt.imshow(np.transpose(npimg, (1, 2, 0)))
 9:     plt.show()
10:
11:
12: dataiter = iter(trainloader)
13: images, labels = dataiter.next()
14:
15: imshow(torchvision.utils.make_grid(images))
16: print(' '.join('%5s' % classes[labels[j]] for j in range(4)))
```

trainloader로 4개의 이미지와 레이블을 출력합니다.

일단 그래프를 그리는 패키지인 matplotlib.pyplot를 plt, numpy를 np라는 별칭으로 import합니다.

이어서 입력한 Tensor를 이미지로 출력할 수 있는 imshow라는 함수를 정의합니다. 여섯 번째 줄에서는 transforms.Normalize((0.5, 0.5, 0.5), (0.5, 0.5, 0.5))로 반대의 처리인 'Tensor

를 2로 나누고, 0.5를 더한다'라는 계산을 해서, 값을 0~1의 범위로 돌려놓습니다. 일곱 번째 줄에서는 Tensor를 numpy.ndarray로 변경합니다. 여덟 번째 줄과 아홉 번째 줄에서는 입력받은 Tensor가 (channel, height, width) 순서이므로 (height, width, channel)로 변경하고, 이미지를 출력합니다.

12번째 줄과 13번째 줄에서는 trainloader에서 이미지와 레이블을 추출합니다.

15번째 줄에서는 torchvision.utils.make_grid()로 이미지를 출력합니다.

16번째 줄에서는 4개의 레이블을 연속된 하나의 문자열로 출력할 수 있게 처리합니다. Dataset 는 랜덤한 수의 seed를 고정하지 않고 섞으므로 출력되는 문자열은 실행할 때마다 달라집니다. 조금 복잡해 보이는 처리이므로 차근차근 설명하겠습니다.

일단 첫 번째로 (j for j in range(4))입니다. 새로운_요소 for 각_요소를_나타내는_변수 in 원본_요소_집합처럼 작성하면 원본 요소 집합 순서대로 이 요소를 기반으로 한 새로운 집합을 만들어냅니다. 현재 코드에서는 range(4)로 만든 '0, 1, 2, 3'이라는 요소 집합의 값이 차례대로 추출됩니다. 예를 들어서 (j * 2 for j in range(4))로 변경하면 '0, 2, 4, 6'이라는 요소 집합을 얻을 수 있습니다.

두 번째는 '%5s' % classes[labels[j]]입니다. 중앙의 % 앞에서 지정한 형식에 따라서 뒤의 값을 문자열에 포함시킵니다. '%5s'는 최소 문자열 너비를 5로 한다는 의미입니다. 이것보다 짧은 경우에는 앞에 공백이 추가됩니다. 현재 코드에서는 (classes[labels[j]] for j in range(4))로 얻어진 4개의 문자열을 다섯 글자 미만일 때 앞에 공백을 넣어 출력합니다.

세 번째는 ''.join()입니다. 매개변수로 입력받은 문자열들을 .join 앞에 지정한 구분 문자로 결합합니다. 현재 코드에서는 4개의 문자열이 공백으로 결합되어 하나의 문자열로 변환됩니다.

마지막으로 이렇게 결합한 문자열을 출력합니다.

```
1: images.shape
```

이어서 이미지의 형태를 출력합니다. torch.Size([4, 3, 32, 32])라고 출력하므로 4장의 이미지, 3개의 채널(RGB), 높이 32픽셀, 너비 32픽셀의 데이터라는 것을 알 수 있습니다.

```
1: images[0]
```

여기서는 첫 번째 이미지 데이터의 값을 출력합니다.

이번 절에서는 샘플 텍스트 데이터를 다음 세 가지 방법을 사용해 벡터로 변환합니다.

1. Bag of Words
2. TF-IDF
3. Word2Vec

```
1: import pandas as pd
```

pandas를 pd라는 별칭으로 import합니다.

```
1: df = pd.DataFrame({'text': ['I like kaggle very much',
2:                             'I do not like kaggle',
3:                             'I do really love machine learning']})
4: df
```

pandas.DataFrame()으로 새로운 pandas.DataFrame을 생성합니다. df를 출력하면 그림 A.3 처럼 출력합니다.

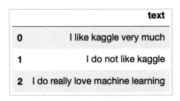

그림 A.3 **df 출력**

```
1: from sklearn.feature_extraction.text import CountVectorizer
2:
3:
4: vectorizer = CountVectorizer(token_pattern=u'(?u)\\b\\w+\\b')
5: bag = vectorizer.fit_transform(df['text'])
6: bag.toarray()
```

'Bag of Words'로 문장에 등장한 단어의 수를 세어서 벡터화합니다.

첫 번째 줄에서는 sklearn의 CountVectorizer()를 import합니다.

네 번째 줄에서는 CountVectorizer()를 호출합니다. 매개변수 token_pattern으로 단어의 셀 패턴을 정규 표현이라는 형식으로 지정합니다. 문자열의 길이가 1개의 단어를 처리 대상으로 지정하게 했습니다. 이렇게 지정하지 않으면 문자열 길이가 2 이상인 단어만 처리 대상으로 포함합니다.

다섯 번째 줄에서는 vectorizer로 df.text의 단어 수를 세고, 여섯 번째 줄에서는 numpy. ndarray 형식으로 변환합니다.

```
1: print(vectorizer.vocabulary_)
```

vocabularay_로 각 index에 대응되는 단어를 출력합니다.

```
 1: from sklearn.feature_extraction.text import CountVectorizer
 2: from sklearn.feature_extraction.text import TfidfTransformer
 3:
 4:
 5: vectorizer = CountVectorizer(token_pattern=u'(?u)\\b\\w+\\b')
 6: transformer = TfidfTransformer()
 7:
 8: tf = vectorizer.fit_transform(df['text'])
 9: tfidf = transformer.fit_transform(tf)
10: print(tfidf.toarray())
```

이번에는 TF-IDF로 문장을 벡터화합니다. 첫 번째 줄과 두 번째 줄에서 sklearn.feature_ extraction.text의 CountVectorizer와 TfidfTransformer를 import합니다.

다섯 번째 줄과 여섯 번째 줄에서는 CountVectorizer와 TfidfTransformer를 호출합니다.

여덟 번째 줄에서는 이전과 마찬가지로 CountVectorizer()로 학습해서 tf에 저장한 뒤, 아홉 번째 줄에서는 TfidfTransformer()로 학습합니다.

열 번째 줄에서는 tfidf를 numpy.ndarray로 변환해서 출력합니다.

```
1: from gensim.models import word2vec
2:
3:
4: sentences = [d.split() for d in df['text']]
5: model = word2vec.Word2Vec(sentences, size=10, min_count=1, window=2, seed=7)
```

이번에는 word2vec으로 벡터화합니다. 첫 번째 줄에서는 word2vec을 import합니다.

네 번째 줄에서는 '리스트 내포'를 사용하여 df.text를 공백으로 구분해서 새로운 리스트를 만듭니다.

리스트 내포 표기는 [새로운_리스트의_요소 for 리스트의_각_요소를_나타내는_변수 in 원본_리스트] 라는 형식으로 새로운 리스트를 만드는 방법입니다. 현재 코드에서는 다음과 같은 리스트가 만들어집니다.

```
[['I', 'like', 'kaggle', 'very', 'much'],
 ['I', 'do', 'not', 'like', 'kaggle'],
 ['I', 'do', 'really', 'love', 'machine', 'learning']
```

다섯 번째 줄에서는 word2vec으로 학습합니다. 첫 번째 매개변수에는 학습할 문장을 지정하고, size 매개변수로 출력할 벡터의 차원을 지정하고, min_count 매개변수로 학습에 사용할 단어의 최소 출현 횟수를 지정합니다. window 매개변수로 학습에 사용하는 단어의 앞뒤 수를 지정하고, seed 매개변수로 랜덤한 숫자의 seed를 지정합니다. 참고적으로 word2vec은 seed를 지정하는 것만으로는 재현성을 담보할 수 없습니다. 따라서 실행할 때마다 결과가 달라집니다.

```
1: model.wv['like']
```

이처럼 like의 위치에 학습에 사용한 단어를 입력하면 학습에 사용한 단어를 벡터 형식으로 변환할 수 있습니다.

```
1: model.wv.most_similar('like')
```

model.wv.most_similar()로 첫 번째 매개변수에 단어를 입력하면 학습에 사용했던 단어 중에서 유사한 단어 10개를 출력합니다.

```
1: df['text'][0].split()
```

이번에는 df['text']의 첫 번째 문장인 'I like kaggle very much'를 str.split()으로 분할해서, ['I','like', 'kaggle', 'very', 'much']로 만듭니다.

```
1: import numpy as np
2:
3:
4: wordvec = np.array([model.wv[word] for word in df['text'][0].split()])
5: wordvec
```

word2vec으로 단어를 하나씩 벡터화합니다. 네 번째 줄에서는 model.wv를 사용해 ['I', 'like', 'kaggle', 'very', 'much']를 벡터로 만듭니다. 이렇게 만들어진 wordvec은 5행 10열의 numpy.ndarray이 됩니다.

```
1: np.mean(wordvec, axis=0)
```

np.mean()으로 평균을 계산할 수 있습니다. axis=0으로 하면 열별로 평균을 구하라는 의미입니다. 5행 10열의 배열을 기반으로 하여 열별로 평균을 구하므로 10열의 numpy.ndarry가 나옵니다.

```
1: np.max(wordvec, axis=0)
```

np.max()로 최댓값을 구할 수 있습니다. 마찬가지로 axis=0으로 하면 열별로 최댓값을 구할 수 있습니다. 따라서 10열의 numpy.ndarry가 나옵니다.

마지막으로

이 책에서는 파이썬을 사용해서 캐글을 살펴보았습니다. 초보자 대상 튜토리얼인 Titanic을 통해 캐글 기초를 배우고, 이어서 스스로의 힘으로 Competition할 수 있는 방법에 대해서 배웠습니다.

이 책을 끝낸 후에 메달을 획득할 수 있는 Competition에 반드시 참가해 보기 바랍니다. 독자 모두와 캐글의 Leaderboard에서 만난 날을 즐겁게 기다리고 있겠습니다.

감사의 말

이 책을 만들면서 많은 분들의 도움을 받았습니다. 리뷰에 도움을 주신 분들에게 감사의 말씀을 드립니다.

오스조 유야, 나카츠카 유키, 오코시 다쿠미, 기쿠치 겐타 님께서는 이 책의 본문과 샘플 코드 리뷰해 주셨습니다. 저자가 우승했던 'PetFinder.my Adoption Prediction'[89]의 '[kaggler-ja] Wodori'라는 팀에서 함께 해주셨던 분들입니다. 오코시 다쿠미 님은 캐글 Grandmaster, 오스조 유야 님과 나카츠카 유키 님은 캐글 Master 호칭을 갖고 있습니다. 이분들과 관련된 내용은 다음 페이지를 참고해 주세요.

- 오스조 유야 님(kaerururu): https://www.kaggle.com/kaerunantoka
- 나카츠카 유키 님(ynktk): https://www.kaggle.com/naka2ka
- 오코시 다쿠미 님(takuoko): https://www.kaggle.com/takuok
- 기쿠치 겐타 님(gege): https://www.kaggle.com/gegege

오쿠다 츠구노리 님과 아오모미 님은 저자가 집필한 《캐글 튜토리얼》 때부터 책의 문장, 샘플 코드를 '초보자도 쉽게 읽을 수 있는지'라는 관점에서 자세하게 리뷰해 주셨습니다.

- 오쿠다 츠구노리 님(rakuda): https://www.kaggle.com/rakuda1007
- 아오모미 님(Momijiaoi): https://www.kaggle.com/sorataro

---

89 PetFinder.my Adoption Prediction
https://www.kaggle.com/c/petfinder-adoption-prediction (Accessed: 15 February 2021)

찾아보기